日本語学入門

滝浦真人

日本語学入門（'20）

©2020　滝浦真人

装丁・ブックデザイン：畑中　猛

s-53

まえがき

　私事から始めることをお許しいただきたい。人と知り合ったとき，大学の教員をしているということがわかると，「ご専門は何ですか？」と聞かれる。わかりやすそうなところと思って「日本語の研究をしています」と答えると，途端に怪訝そうな顔になった相手から，「じゃあ，日本語の歴史とか方言とかの研究ですか？」と言われることがよくある。あいにくそのどちらでもないので，「いや，そういうわけではないのですが…」とお茶を濁そうとすると，「じゃあ，外国人に日本語を教えるとかですか？」と畳みかけられてしまう。あいにくそれでもないので，「まあコミュニケーションとかを…」と言って許してもらおうとしても，「でも日本語なんだから，研究しないとわからないようなことって，そんなにあるんですかね」と言われてバツの悪い思いをする。

　これに類することはわりとよくあって，そこから推察するに，「日本語の研究」とは何をすることなのか？という問いは，見かけほどわかりやすくはないのかもしれない。その理由は，日本語で育った人（日本語母語話者という）にとって，日本語の様々なあり方はあまりに自明で，わざわざ調べたり考えたりするようなものではないと感じられるからだろう。ここが曲者で，「自明」ということは「考えない」ということとしばしばセットになっている。考えないならば，すべては「だってそうだから」で済む話となる。ところがひとたびその「なぜ？」を知りたくなったり気になったりすると，全く説明できない自分がいることに気づかされることになる。じつはそこが学問の始まり，つまり「日本語学」の出発点となる。

　「なぜ？」の問いはいろいろなところからやってくる。外国語に触れることも大きな機会だろう。英語を勉強して，なんで英語を訳すと日本語と順序が逆さになるんだろう？と思ったなら，そこが文法論（統語

4

論）の入口かもしれない。東日本の人が京都を旅していたら，ふと聞こえてきた会話の中で，「隣の赤ちゃんようけ泣いてはったわ」なんていう文が耳に残るかもしれない。考えてもどうにも共通語に訳せない「…はる」という不思議な言葉が京都にあると知ったら，それはもう方言学への誘いである。少し古い，昭和の前半あたりの小説を読んでいたら，ずいぶん目上と思しき相手に「旦那さま，…，こんどまた，お好きなものを持ってきて植えてあげますよ」なんていう台詞が出てくるかもしれない。今だったらこんな「あげます」はとても使えないなと思ったら，あなたはもう敬語史の一断面を見ていることになる。

　こうした「なぜ？」の集積が日本語学という学問を形作ってきた。その深さと魅力を存分に味わってもらおうと，第一線で活躍している先生方に集まっていただき，5人で力を合わせて作ったのがこの科目である。日本語だからと侮ることなかれ，本格派の日本語学入門をしゃぶり尽くしていただきたい。そうしたら，自分が普段考えずに使っている日本語が全然違って見えてくるであろうことをお約束する。

　本科目の制作に際しては，多くの方々のお力添えをいただいた。印刷教材作成の過程で，匿名の査読（フレンドリー・アドバイス）に当たり，多くの助言や誤りの指摘をしてくださった，学習センター所長ないし客員の先生に厚くお礼を申し上げます。編集の労をとってくださった杉山泰充さんにも感謝します。

　印刷教材と対をなす放送授業の制作スタッフにも感謝を捧げます。吉田直久プロデューサー，加藤愛ディレクター，須佐麻美ディレクター，中田誠デザイナーの皆様，おかげさまで中身の濃い映像を楽しく収録することができました。ありがとうございました！

2019 年10 月
滝浦真人

目次

1 | 日本語学とは？
―国語・国語学・日本語学―

滝浦真人

《目標＆ポイント》 「日本語学」とはどんな学問なのかを理解する。同じ学問の別名と思える「国語学」との違いについても見る。また，学校教育の教科である「国語」との関係にも触れる。それらをふまえ，本科目で学ぶ内容を整理する。
《キーワード》 国語学 対 日本語学，日本語の姿

1.「国語学」対「日本語学」

　小中高と，学校ではずっと「国語」という教科を習う。内容は，日本語で書かれた文章を読んで理解することが中心で（漢字の習得にもかなりの時間が割かれる），課程が進むと，文章が現代文か古典かでさらに科目が分かれる。読解に加え，文章を書くこと（作文）と日本語の文法についての説明が少々付いて，全体が構成される。高校までの学習では，日本語という言語そのものについて教わることは多くなく，動詞や形容詞，助動詞といった品詞の活用表ぐらいしか印象にないという人も少なくないだろう。文法についていえば，古典の授業になったとたん，その比重が大きくなる。古典語はさまざまな点で現代語と異なるため，文法もあらためて学習しないと理解することができない。それで古典語の文法を一生懸命暗記して，そこから現代語に戻って眺めると，文法というものが少し理解しやすくなったという人もいるかもしれない。

　ここで押さえておきたいことがいくつかある。まず，名称は「日本

語」ではなくて、「国語」である。「日本語」だと、外国人に教えるための科目のように聞こえてしまうから、日本人のための科目は「国語」で当然だと思う人もいるだろうが、諸外国の事例を見ても“国の言葉”という意味の名称は多くない[1]。次に、古典を考えるとよくわかるが、文法など言語についての知識は、作品を読むために学ぶという側面が強く、言語そのものに対する興味関心を涵養するという意識はあまり前面に出てこない。そのこととも関連してもうひとつ、学ぶということの基本的な構えが、過去に学ぶこととして捉えられている点が挙げられる。過去とは自分たちのルーツであり、日本的なるものが、いつ・どのようにして確立してきたのか？という問いが根底にあるとも見える。

「国語学」専攻？　「日本語学」専攻？

　大きな大学では、いくつかの学部があって、その中の「文学部」のような組織の下に、さらに細分化された学科や専攻（研究室）が置かれている。専攻の一つ一つが学問領域に対応するくらいの大きさとなる。高校までの「国語」との関係でいえば、学問領域としては文学と語学が分かれるということがあり、前者は「国文学」や「日本文学」という名称で呼ばれる。語学はどうかというと、同様に「国語学」と「日本語学」という名称がある。「日本語学科」のような組織には、外国人に教える日本語教育を掲げるところもあるが、必ずしもそうとは限らない。で

1）歴史的に日本の影響が強かった韓国と台湾では「国語」が科目名だが、中国では「語文」である。欧米を見ると、アメリカ、イギリスとも「英語」、フランスでは「フランス語」、等々で、フィンランドのように「母語と文学」といった例もある。しかし、「国」の言葉という名前ではない。
（田中智生「第5回 中華人民共和国」、渡邊あや「第9回 フィンランド」『世界の「国語」教育事情』WEB国語教室、大修館書店
https://www.taishukan.co.jp/kokugo/webkoku/relay001_05.html
https://www.taishukan.co.jp/kokugo/webkoku/relay001_09.html)
また、日本社会も多様化が進んでおり、外国籍の児童・生徒が多くなってくると、「国」とはどこのことか？　という問題も生じてくる（江口 2019）。

は，「国語学」と「日本語学」は，名称が違うだけで，研究の対象や目的は同じだと言えるだろうか？　それがそうとは言えない。じつはこのことは意外に大きな問題でもあり，この科目の名前が「日本語学入門」であることの理由とも関わっている。

　そこで，ちょっと変わった調査をしてみた。古くからある大きな国立大学7校について[2]，その文学部にある専攻（専修課程などという）の名称として，「国語学」と「日本語学」がどのように使われているかと，各々受験者向けなどに書かれた説明の内容がどうなっているかをウェブサイトで調べた（URL等は省略する）。結果は以下のようになった。

国語学　　　　　5（東北大，東京大，京都大，大阪大，九州大）
日本語学　　　　2（名古屋大，大阪大）
どちらでもない　1（「言語情報学」@北海道大）

　国語学が多数派だった。案内の説明文と合わせると，「国語学」の特徴がよく見えるし，それと対比的に「日本語学」の特徴も見えてくる。「国語学」の特徴としては，まず，程度は様々だが国文学と一緒の大学が多い（「日本語日本文学（国語学）専修課程」@東大，「国語学国文学専修」@京大，国語学・国文学研究室@九大）。「日本語学」と同義のように扱っている大学もあるが（東北大[3]），多くは，文献主義と歴史主義を掲げ（京大，阪大，九大），また「国家の言語」を強く意識した大学もある（「国語研究室」@東大）。

　いくつか引いてみよう。

2）明治時代に「帝国大学令」に基づいて設立された大学（なので「旧帝大」と呼ばれることもある）7校について調べた。

3）「国語学は，過去および現在の日本語，または過去から現在へ変遷した日本語を研究対象とする学問です。最近は日本語学とも呼ばれています。」（東北大・国語学研究室）　なお，本稿校正中の2019年4月をもって同大「国語学研究室」は「日本語学研究室」と改称された。

・国語学と国文学とを区別せず，双方の研究を融合させることを重んじている。言葉の正確な分析，作品の客観的な読解を通して，それぞれの時代の人々のこころを明らかにすることを目指している。（京大）
・文献からの出発（九大）
・国語に関することは全て対象となりますが，歴史的変遷を考える研究や，文献に基づく研究に重点がおかれます。（阪大）
・わが研究室は2017年9月に開設百二十周年をむかえたのであるが，開設当初は，単に大学内の一研究室という立場にとどまらず，広く日本の言葉の実情を調査し，そのあるべき未来像を研究する国家の研究機関という性格を帯びていた。日本の国語を研究する国家的な機関という性格から「国語研究室」と称したものであって，…，現在でもあえて「国語研究室」と称しているのは，設立当初のこの事情に由るものである。（東大）

　国語学と国文学とを区別しないというのは，各時代において生み出されてきた人の生き死にや生き様を映した作品と，それが書かれているその時代の言葉とを，大きく一体をなすものとして捉えたい（捉えるべき）との考え方を反映しているだろう。そして，そうした作品も含め，各時代に書かれた文献を資料として，日本語が時代によってどう変遷してきたかを研究するという方針が述べられている。面白いのは大阪大学で，阪大文学部には「日本語学専修」と「日本文学・国語学専修」の2つの専攻が別々に存在する。引用した箇所は，「日本語学専修との差異」として強調されている部分である。歴史を下ってきた当代の言葉というのは現代日本語ということになるが，「国語」という捉え方は，事実として存在する日本語をそのまま見るのではなく，「国家の言語」（としてふさわしい日本語）という別の観点で見ることである。

　では「日本語学」派はどうだろう？　2校しかないので，両方から引いておく。

・日本語学は，日本語に関するあらゆる事実が研究対象となる。歴史的存在としての日本語は…。空間的存在としての日本語は，…。社会的位相の集積としての日本語は，…。（名大）
・日本語学専修は，現代日本語学，社会言語学，対照言語学，応用日本語学の4つの領域の教育・研究を行っています。（阪大）

　書き方があっさりしていて，どこを見ればいいかわからないかもしれないが，どちらも，日本語を捉える観点を限定しない，あるいは「国語学」が帯びている指向性をなくしていると言える。現代日本語学とあるのは，現代日本語を言語学的な観点や方法論によって考察する立場である。日本語学は歴史的観点だけでなく，地理的観点も採り入れて方言も対象とするし，また社会的要因による日本語のバリエーションも対象とする。さらには，日本語学は日本語を世界の言語の1つと見るから，日本語と諸外国語とを比較対照してその異同を考察するようなことも行う（そうした分野は対照言語学と呼ばれる）。日本語の話し手は日本人だけでなく，留学生や就労者などの学習者もいるから，日本語教育のような応用的な領域も含まれる。

　以上見てきただけでも，日本語を捉える観点にはいくつもの対があることがわかる。それらをまとめて挙げてみよう。大きな傾向として，次ページに掲げた対の左ほど国語学的なもので，右側はあまり国語学的でないもの，言い換えれば，その分だけ日本語学的と言える観点である。

【日本語を捉える観点の対】

過去指向（通時的）　　　対　　　現在指向（共時的）

　　　　　文献調査　　　対　　　実地調査

　　　　　　　規範　　　対　　　記述

文語（書き言葉）　　　対　　　口語（話し言葉）

　　　　　　　韻文　　　対　　　散文

中央語（標準語）　　　対　　　言語変種（地域方言・社会方言）

　　　日本語のみ　　　対　　　対照研究

　　　　独自理論　　　対　　　言語学

　いくつかについて説明を加えておくと，国語学的な文献主義では，資料を調べ尽くすこと（悉皆調査と呼ばれる）が基本だったのに対し，日本語学的なアプローチでは，実際の（とりわけ話し言葉の）用例を採集したり用法意識を質問紙で調査するといった手法がよく用いられる。最近では，言語の使用例を大量に集めて検索できるようにした「コーパス」が整備されてきていて，コーパスでの用例調査（と結果の統計検定）も急速に広がりつつある[4]。**規範　対　記述**というのはわかりにくいかもしれないが，そこには国語学の流れの源にある江戸時代に発展した「**国学**」からの影響がある。本居宣長の名前などで知られる国学は，歌を詠む秘伝を知るため（韻文指向にもつながる），あるいは「神つ世」の古代のことを知るための学でもあった。そうした目的は，"正しい（正しかった）"あるいは"あるべき"日本語を追い求めることにもなり，それは「規範」と言い換えることができる。国語学の中央語（標準語）指向もそこから導かれる。一方の日本語学的な関心は，"正しさ"というような観点を採らず，日本語"そのものの有り様"を知ることを目的とするので，どのレベルでもまずどのようになっているかを「記述」する必要

---

4) 近年では歴史的資料までもコーパス化されてきており，「日本語歴史コーパス」（国立国語研究所）といったものも手軽に使えるようになっているので，日本語史研究にも変化が生じつつあるように見える。

がある。上でも触れたように，日本語には空間的なバリエーションも社会的なバリエーションもあるから，日本語学はそれらすべてを関心の対象とする。最後に，研究の手法としても，国学の流れを汲む国語学では，用語や考え方にも独自色の強さが見えるのに対し，日本語学は近代言語学を基盤としながら日本語の特質を明らかにしようとする[5]。

2. 学会名称変更問題に見る

　専攻名で「国語学」が多いといっても，古い国立大学だからという事情も大きく，私立大学などではすでに「日本語」「日本文学」が圧倒的である。とはいえ，伝統を変えるには結構なエネルギーが要るというのも事実で，そのことがとてもよく見えた事例を紹介しながら，国語学と日本語学の構えの違いについてもう少し見てみたい。

　日本語を研究対象とする，「国語学会」と称する学会があった。この学会は，創立60周年を期して2004年から「日本語学会」へと名称を変更したが，その決定プロセス自体が3年以上に及ぶ大変なものだった。名称変更を検討することにしてから，まず学会誌上に1年間「フォーラム」を置き，大会で「いま『国語学』を問い直す」というシンポジウムを行い，学会ウェブサイトに意見欄を設置した。そして，理事会で議論し理事による投票で理事会原案を決め，決定の方法について評議員会の同意が得られたら，原案の賛否を評議員投票および会員投票で問う，と

5）文法理論を例に取ると，国学的な言語研究では，例えば，富士谷成章による，名（体言）／装（用言）／挿頭（副詞・接続詞など）／脚結（助詞・助動詞），との身体比喩的な4分類を施した体系的な品詞分類がある。明治以降の国語学では，山田孝雄，松下大三郎，時枝誠記といった文法家たちによる「○○（人名）文法」と呼ばれる独特な文法理論があるが，共通して，西洋の言語理論との対峙・対決という面を見ることができる（詳しくは，滝浦2017など参照されたい）。
一方，日本語学の流れをつくった人物としては，佐久間鼎や三上章といった名前が挙げられる。彼らはたしかに国語学者ではなく，佐久間はゲシュタルト心理学者であり，三上は高校の数学教師をしながら佐久間に師事した。異分野からの参入者として，かえって自由な思考ができたという側面が彼らにはあったように思われる（庵2003など参照）。

いう手順を踏んだ[6]。

　ここでの関心は一学会の名称変更プロセスではない。改称に賛成／反対それぞれの意見に示された理由を見ると，「国語学」「日本語学」それぞれが置かれた立場のようなものがよくわかることである。やや冗長になることを承知の上で，学会ウェブサイトの記録に記されている項目を，あえて取捨選択せずにそのまま掲げることにする。

○学会名を「日本語学会」に改めることに賛成する理由

　（ア）日本語を対象とする言語学という意味で，「日本語学」がふさわしい。「国語学」の「国語」は国家の言語の意であろうが，現在の日本語研究は多くの場合国家の存在を前提としたものではない。

　（イ）日本語研究が多くの外国人によっても行われるようになった現在，「国語学」という国際的に通用しにくい名称が不適当になっている。

　（ウ）日本語教育に関わる日本語研究の分野，あるいは現代語研究の分野では「日本語学」を，歴史的研究の分野では「国語学」を使う傾向が強くなりつつあり，「国語学」という名称がかつて有していた包括性が失われてきている。

　（エ）現に進行している日本語研究の細分化を克服するためには，日本語研究の全域を覆う学会の存続が必要であり，それには旧来の「国語学会」の名称を維持するよりも，新たに「日本語学会」の名称を採用することが望ましい。

　（オ）近年，大学等では専修・専攻名および教科目名として「日本語学」を採用するところが増えている。また今度，科学研究費の分野

6）以下，学会ウェブサイトの「学会名称問題について」とまとめられている諸所のページから引用する。
https://www.jpling.gr.jp/others/meisyo/index.html
最後の会員投票の結果は，投票総数1170票（有権者総数2155名の54％強に当たる数字，うち有効票数1150票）のうち，賛成776票，反対367票，他白票および無効票というものだった。

の再編があり，細目名の中で「国語学」→「日本語学」という改称
があった。

（カ）大学生を含む一般人から見て，「国語学」という名称は，小・
中・高の教科としての「国語」と結びつきやすく，誤解を生じや
すい。

○学会名を「日本語学会」に改めることを批判する理由

（ア）学の名称として，文献学的な日本語研究には「国語学」を，言
語学的な日本語研究には「日本語学」を当てるべきものであり，学
会の名称としては，前者が「国語学会」に，後者が「日本語学会」
に対応する。したがって，単純に「国語学会」を「日本語学会」に
改称すべきではない。

（イ）「国語」が政治的であるように，「日本語」も十分政治的である。
たとえば，「大日本帝国」が直接支配した地域で通用すべき言語の
名称としては「国語」が，それ以外の「大東亜共栄圏」における諸
地域で通用すべき言語の名称としては「日本語」が使われたという
歴史がある。安易な改称は，そのような問題の所在を曖昧にする。

（ウ）「国語学会」を「日本語学会」と呼び変えることによって，「国
学」の流れを受ける「国語学」の良き伝統を捨てることになる。

（エ）「日本語学」は従来の「国語学」との差異化を目指して成立した
学の名称であり，その「日本語学」を冠して「国語学会」が「日本
語学会」と改称するのは，そのような「日本語学」の側の努力を無
視するものである。

（オ）「日本語学」という名称も，必ずしも包括的であるとは言いが
たい。

　さて，すでにご承知のとおり，本科目の名称は「日本語学入門」とした。最大の理由は，この科目のアプローチが国語学的な傾きをもたないということで，基本的に「日本語を対象とする言語学」だからと言ってよい。学校教育における教科名としての「国語」との関係でいえば，（上の賛成理由の（カ）とは少し違って，）本章冒頭で書いたように「国語」と「国語学」の関係はそれほど遠くないと思われ，むしろ「国語」の時間に教わった内容とはかなり印象の異なるものになるだろう。

3. この科目で学ぶこと

　では以上をふまえて，具体的にこの科目の学習内容について整理しておこう。内容的な観点からは，全体が以下のように大きく3つのパートに分かれる。

1. **言語学の諸領域と対応した現代日本語学**
   文字・表記（第2章）
   音声・音韻（第4章）
   語彙（第6章）
   文法①②③（第7〜9章）
   文章・談話（第11章）
   敬語（第12章）

2. **日本語の時間的変異**
   書記史（第3章）
   音韻史（第5章）
   文法史（第10章）

3．日本語の空間的変異
方言①②（第13，14章）

　第1のパートは，現代日本語の体系を，音声，文字，語，文，文章といった言語学上の単位と対応させてその断面を見る，現代日本語学的な各章である。他の言語と比較した場合に日本語の特徴的な面が表れそうな章としては，文字・表記，文章・談話，敬語といったところがある。日本語は，言語的には縁遠い中国語から漢字という文字を借り，漢字で綴られる漢語という単語を大量に導入しつつ，漢字で和語を書く方式を編み出した。そこから，仮名文字がつくられ，漢字仮名交じりで文章が書かれるというスタイルが定着した経緯がある。こうしたスタイルは他にあまり例を見ない。また，日本語では敬語が発達しているが，ヨーロッパ系の言語には見られない特徴であるため，言語学的にどう捉えられるかも問題となる。このパートは，音声・音韻や文法といった多くの領域とも関わり，全体の半分強となる。

　第2，第3のパートは，日本語のバリエーション（変異ともいう）を捉える章からなる。まず，日本語の時間的変異を捉える章を3つ置いた。これは「日本語史」のことと言ってよい。「国語学」との対比でも見たように，歴史研究で積み重ねられてきた知見には，当然国語学の流れの中で得られたものが大変多く含まれる。なかでも，「訓点資料」と呼ばれる，漢籍などを訓読するためにヲコト点など補助記号が付された資料の解析によって，多くの貴重な言語的事実が明らかにされており，そうした成果はもちろん取り入れられる。違いとしては，そうした日本語の変化に関わる事実を解釈する際に，言語学的な説明法を積極的に用いていく点を挙げることができるだろう。なお，時間的変異を扱った章は，あえて1つにまとめることをせず，現代日本語の音韻や文法などを見た

章の直後に分けて配置した。

　もう1つのバリエーションは，日本語の空間的変異である。これはいわゆる「方言」を扱うことになる。方言はかつて「俚言（りげん；俗世間の言葉，土地のなまった言葉，雅言に対する）」などとも呼ばれ，ともすると価値の低いものと考えられた。日本語学ではむしろ，標準語にはない表現の区別や物の言い方に着目して，それらの総体が日本語であるとの立場から，日本語がもつバリエーションを描き出そうとする。

　このほかにも，諸外国語との比較対照をする対照言語学で章を立てることもできるが，いくつもの外国語と対照することになるため，ここでは割愛した。また，日本語のバリエーションで社会的変異を扱う社会言語学もあるが，こちらは言語学系の別科目に譲る。最後の章で全体のまとめを行う。

　さて準備は整った。では日本語学の旅を始めよう。

引用文献

庵功雄（2003）『「象は鼻が長い」入門 ―日本語学の父三上章―』くろしお出版
江口正（2019）「平成と日本語」『七隈の杜』15: 15-26，福岡大学
滝浦真人（2017）「異言語としての日本語② ―日本語の文法をつくる―」『異言語との出会い ―言語を通して自他を知る―』第13章，放送大学教育振興会

2 | 文字・表記 ―書き分けの原理―

石黒 圭

《目標&ポイント》
目標：現代日本語の文字・表記，漢字・片仮名・平仮名の書き分けの原理を
　　　理解する。
ポイント：漢字，片仮名，平仮名，それぞれの文字の特性を把握し，文章を
　　　　　書くさい，どのような場合にどの文字種を選択するのが適切なの
　　　　　かを学ぶ。
《キーワード》 漢字，片仮名，平仮名，常用漢字表，表語文字

1. 日本語の文字体系

　日本語の文章を書くとき，漢字，片仮名，平仮名の3種類を使い分けるのが一般的である。それはなぜだろうか。言語事象を論じる場合には，歴史的な変化から考える通時的な捉え方と，同時代的な感覚で考える共時的な捉え方があるが，通時的な文字の捉え方は第3章に譲り，ここでは共時的に文字の使い分けを考えることにする。

　先回りしてその答えを示すと，日本語の文章で3種類の文字が使い分けられているのは，そのほうが読みやすいからである。かりに日本語に平仮名しかなければ，次のように書くしかない。

　いたりありょうりにかかせないちょうみりょうといえば，おりーぶおいるとばるさみこすとわいんびねがーです。

　文意を取るのに骨が折れたのではないだろうか。しかし，次の文のように漢字と片仮名を使えば，すぐに文意が通ることに気づくはずである。

　　イタリア料理に欠かせない調味料と言えば，オリーブオイルとバルサミコ酢とワインビネガーです。

　このように，漢字，片仮名，平仮名の3種類の文字を交ぜて書く文を**漢字仮名交じり文**と言う。なぜ漢字仮名交じり文が読みやすいかと言うと，「漢字＋平仮名」「片仮名＋平仮名」のまとまりが文節となり，分かち書きの代わりを果たすからである。次の文の「／」で分けられるように読めるというわけである。

　　イタリア料理に／欠かせない／調味料と／言えば，／オリーブオイルと／バルサミコ酢と／ワインビネガーです。

　また，漢字と片仮名が文の実質的な意味を担い，平仮名が文の文法的な機能を担っていることも見逃せない。つまり，漢字と片仮名が前景化される「図」，平仮名が背景化される「地」であり，「図」である漢字と片仮名の部分を目で追っていけば，文章のだいたいの意味が取れるようにできているのである。実質的な意味を担っている部分は漢字と片仮名，文法的な機能を担っている部分は平仮名で書く。和語や漢語の実質語は漢字で，外来語の実質語は片仮名で書くというのが日本語の文字遣いの原則であり，その原則に従って日本語の**文字体系**はできている。

　ところが，現実の日本語の文章は，それほど単純ではない。たとえば，東京都福祉保健局の令和元年度6月の「蚊の発生防止強化月間」の

ポスターには，次のような文が書かれている。

　たまり水，放置していません蚊？

　もちろん，終助詞「か」を「蚊」と表記したのは，「蚊の発生防止強化月間」とかけた例外的な表記だが，こうした言葉遊びができるのも，日本語の表記の魅力である。また，実質語「たまり水」は漢字で書くと「溜水」であるが，あえて「たまり水」と書いてあるのは，この語を私たちはふだん漢字からではなく音からイメージしているため，平仮名で書いたほうが音を想起しやすいとポスター作成者が考えたからであろう。
　また，同じポスターでは，蚊の幼虫であるボウフラが湧きそうな「たまり水」が生じる場所を次のように列挙している。

　雨ざらしのバケツ　つまった雨どい　空きビン・缶・ペットボトル
　古タイヤ　植木鉢の受け皿

　「雨ざらし」を「雨曝」，「雨どい」を「雨樋」と書くこともできるが，あえて平仮名で書いているのは，「たまり水」と同様，音のイメージを重視しているからだろう。「空きビン」も「空瓶」と書けるが，外来語ではない「瓶」を片仮名の「ビン」で書いたのは，難しい漢字を一時的に片仮名で置き換えていることを示すためである。さらに，「空ビン」と送り仮名を省けるにもかかわらず「空きビン」としてあるのは，「からビン」ではなく「あきビン」と確実に読ませるためだろう。「受皿」ではなく「受け皿」と書くのも同様の配慮である一方，「植木鉢」を「植え木鉢」と書かないのは読み間違いのおそれがないからである。

　このように，一つの言葉にたいして多様な表記が存在するというのが日本語の文字の特徴であり，読みやすさを追求すると，先ほど述べたような原則にたいする例外が次々に生じてくることは，この東京都福祉保健局のポスターに見るとおりである。読みやすさという観点からこうした文字の選択を検討することは，共時的な文字・表記研究において重要な課題である。

2. 使い分けの難しさ

実質語と機能語の境界線のあいまいさ

　上で見たように，**実質語**は漢字または片仮名で，**機能語**は平仮名という原則はつねに守られるとは限らない。そこには大きく分けて，二つの理由がある。

　一つは実質語と機能語の境界線である。実質的な意味を担う語を実質語，文法的な機能を担う語を機能語と呼ぶが，どこまでが実質語でどこまでが機能語か，その線引きは案外難しい。

　たとえば，形式名詞と呼ばれるものがある。名詞は通常実質語と考えられるが，実質的な意味に乏しい名詞は形式名詞と呼ばれ，機能語に近い性格を帯びる。たとえば，「こと」や「もの」は漢字で書くと，「事」や「物」であるが，「自分のやった事をよく考える」「次表は調査の結果を示した物である」とはあまり書かず，「こと」や「もの」と平仮名で書くのではないだろうか。

　また，名詞・動詞・形容詞は実質語，助詞・助動詞は機能語であるが，副詞や接続詞は位置づけが微妙である。自立語か付属語かで言えば自立語であるが，実質的な意味にはやや乏しい面があるからである。そのため，漢字でも書かれるが，平仮名で書かれることも少なくない。たとえば，和語の副詞「まったく」は漢字で書くと「全く」であり，こう

した漢字での表記ももちろん見かけるが,「まったく」という平仮名表記のほうが多数派である。現代日本語書き言葉均衡コーパスで副詞「まったく」と「全く」を数えると,それぞれ12,864件と9,606件である。これにたいして,同じ副詞でも漢語になると傾向が変わってくる。漢語の副詞「ぜんぜん」は,「ぜんぜん」という平仮名表記も用いられるが,「全然」という漢字表記のほうが一般的である。同様に,現代日本語書き言葉均衡コーパスで副詞「ぜんぜん」と「全然」を数えると,それぞれ908件と4,875件である。このように,どのような品詞であるかにくわえ,和語か漢語かという語種によっても影響を受けることがある。

　語種で言うと,「〜について」「〜にたいして」のような複合助詞も判断が難しいところである。「〜について」や「〜によって」のような和語の複合助詞は「〜に就いて」「〜に依って／に拠って」のような漢字表記はあまり見かけない。一方,「〜にたいして」「〜にかんして」のような漢語の複合助詞は,私自身は平仮名書きすることにしているが,私の原稿を読む人のなかには違和感を覚える人が少なくなく,「〜に対して」「〜に関して」のように漢字に修正された原稿がしばしば返却されてくる。

実質語における漢字使用の弊害

　また,漢字と仮名の書き分けが揺れるもう一つの理由は,実質語であっても,漢字を使うと難しかったり読みにくかったりする場合があるということである。

　常用漢字表というものをご存じだろうか。戦後間もない1946年に当用漢字表が作られ,そこには1,850の漢字が掲載されていた。当用漢字表は漢字制限色の強いものであったが,1981年に1,945の漢字が掲載された常用漢字表が作られ,漢字制限色が緩んだ。とはいえ,小学校6年間と中学校3年間,計9年間の義務教育課程で常用漢字表の漢字はすべて

学ばれるし，官公庁が出す公用文は原則として常用漢字表の範囲内で執筆される。この常用漢字表は，2010 年に改定され，さらに200字弱増えて2,136字になった。そこで加えられたものには，韓国の「韓」や近畿の「畿」などの国名・地域名，「埼玉」の「埼」や「愛媛」の「媛」などの都道府県名，つまり主要な地名のやや難しい漢字である。また，「呪文」の「呪」，「拉致」の「拉」，「語彙」の「彙」，「破綻」の「綻」など，「じゅ文」「ら致」「語い」「破たん」という表記にならないように，比較的出現頻度の高い交ぜ書き表記の漢字も追加されている。しかし，「冤罪」の「冤」，「罫線」の「罫」，「迂回」の「迂」，「改竄」の「竄」などは，今でも常用漢字表にはないので，「えん罪」「けい線」「う回」「改ざん」などと表記されるのが普通である。しかしながら，これらの語は両方漢字にすると読みにくくなる一方，漢字と平仮名の交ぜ書きにすると文節の切れ目がわかりにくくなるという問題がある。また，「齟齬」や「揶揄」のような両方とも非常用漢字の場合は，「そご」や「やゆ」のように平仮名書きされることもあるだろう。しかし，この場合も，実質語が平仮名のなかに埋もれてしまって読みにくくなるという弊害もある。

　また，漢字にしても意味を喚起しないものの場合，平仮名表記が選択される傾向がある。漢字1文字1文字でなく，複数の文字のまとまりにたいして，その語の意味を考えて訓読みを付す**熟字訓**や，その語の意味に関係なく音や訓を適当に当てる当て字などは，無理に漢字にせず，平仮名書きされることが多い。熟字訓の例としては「時雨」「竹刀」「相撲」「土産」などが，当て字の例としては「生憎」「出鱈目」「兎に角」「目出度し」などが考えられる。熟字訓は，常用漢字表で認められているものがあるので，それらは漢字で書いても，「しぐれ」「しない」「すもう」「みやげ」のように平仮名で書いても問題ないが，当て字の場合，正式な文書では「あいにく」「でたらめ」「とにかく」「めでたし」と表記しておく

ほうが無難であろう。

　さらに，どの漢字を当ててよいか，複数の候補がある場合，あえて平仮名書きすることもある。とくに，一つの訓読みにたいしていくつもの漢字が存在する異字同訓の場合，平仮名書きが選ばれることが多いように見受けられる。たとえば，液体にたいしては「温かいスープ」，気体にたいしては「暖かい風」となる形容詞「あたたかい」が心を修飾する場合，「温かい心」「暖かい心」ではなく，両方の意味を込めて「あたたかい心」が選ばれることがある。また，動詞「わかる」の場合は，「分かる」「判る」「解る」の使い分けがはっきりしないため，「わかる」と平仮名を選択する意識も働きやすい。さらに，「さす」のように異字同訓が「（影が）差す」「（右を）指す」「（日が）射す」「（刀で）刺す」「（花を）挿す」と多岐に亘る場合がある。「かさをさす」は「かさを差す」が正しいとされるが，どれを使ってよいかわからず，「かさをさす」と平仮名にしてしまうほうがより一般的ではないだろうか。

3. 平仮名の役割

機能語に当てる平仮名

　以上を踏まえて，ここでは，平仮名，片仮名，漢字，それぞれの文字種の意味を考える。

　すでに見たように，漢字と片仮名が文の実質的な意味を担い，平仮名が文の文法的な機能を担っている。片仮名や漢字は前景として浮き上がって見える「図」，平仮名は背景として沈んで見える「地」である。言い換えると，片仮名や漢字にする必然性のあるものだけが選ばれて片仮名や漢字という目立つ表記になり，そうした必然性のないものが目立たない平仮名という表記として残る。

　したがって，平仮名になるのは，いわゆる「てにをは」に相当する助

詞や送り仮名，テンス，アスペクト，ボイス，ムードなどを表す助動詞などの文法的要素が中心である。また，文法化が進んだもの，すでに見た「もの」「こと」などの形式名詞や「について」「において」などの複合助詞，「（する）とき」「（した）ところ」のような接続助詞相当の名詞，「（歩い）ていく」「（やっ）てみる」のような補助動詞，「（降り）だす」「（走り）きる」のような複合動詞の後項などの機能語の性格が強いものは平仮名になりやすい。

平仮名表記の文体印象

　一方，実質語であっても，日本固有の語であると認識される**和語**は平仮名書きされることがある。もちろん，漢字には訓読みがあるので，和語にたいしても漢字が当てられることは少なくないが，平仮名という字体の持つ軽さや柔らかさが好まれて平仮名が選好されることもある。

　　貴方から心の籠もった御葉書を戴いたお陰で，生きる力が湧いて来ました。

と和語をすべて漢字で書くと，かなり重たい感じがする。

　　あなたから心のこもったおはがきをいただいたおかげで，生きる力がわいてきました。

のように，漢字にする必然性の高い和語に限定して漢字にしたほうが，柔らかな文体となり，文意がすっと伝わるものになろう。

　和語にかぎらず，漢語であっても，日常的に使われる語は平仮名書きされやすい。とくに，「ぼうし」「さんぽ」「せんたく」「まんじゅう」な

どは，平仮名書きされても違和感が弱く，むしろ易しい文字遣いという印象を受ける。これらの語は漢語ではあるが，「お帽子」「お散歩」「お洗濯」「お饅頭」のように，漢語の語頭に付く「ご」でなく，和語の語頭に付く「お」との相性がよいことからも和語に近い性格を有することがわかる。

　また，平仮名は小学校で最初に習う文字であるため，子ども，とくに幼児や小学校低学年を対象にした文章は平仮名を中心に書かれる傾向がある。その場合は，文節の切れ目をはっきりさせるために分かち書きが用いられることが少なくない。つまり，想定される読み手に応じて表記も変わってくるわけである。

4. 片仮名の役割

外来語に当てる片仮名

　片仮名は一般に外来語を表す表記だと見なされがちである。しかし，そうした捉え方は片仮名の幅を狭めてしまう。後に見るように，非外来語の片仮名表記は近年かなり広がってきており，片仮名は音を表す表記であると考えたほうがよいだろう。

　私たちが外国へ行ったとき，どのようにして現地の発音を書きとるだろうか。アルファベットで書きとる人も，発音記号で書きとる人もいるかもしれないが，多くの人は耳で聴いた音を片仮名で書きとるのではないだろうか。現地の発音を，意味は考えずに音だけを考えて書きとるのに使うのが片仮名である。片仮名で書きとった瞬間からその音は日本語になる。なぜなら，片仮名は日本語の五十音に従った表記だからである。

　片仮名表記される外来語は英語に限らない。フランス語やドイツ語など，ヨーロッパの言語の語彙はもとより，それ以外の非漢字圏，あるい

は漢字圏であっても比較的最近日本語に入ってきた語は,「ギョウザ」
「シュウマイ」「チャーハン」「バンバンジー」などと片仮名で表記される
こともある。

擬音語に当てる片仮名

オノマトペ,すなわち**擬音語・擬態語**と呼ばれる語群が日本語では発
達している。次のオノマトペは平仮名・片仮名どちらの表記がふさわし
いだろうか。

　　　ドアを ｛ばたん／バタン｝ と大きな音を立てて閉める。
　　　猛暑のせいで,ネコが縁側で ｛ぐったり／グッタリ｝ している。

　擬音語のほうは片仮名表記「バタン」,擬態語のほうは平仮名表記
「ぐったり」を選んだ人が多かったのではないだろうか。「バタン」「ト
ントン」「ガチャン」のような擬音語は片仮名,「ぐったり」「ぐちゃぐ
ちゃ」「どんより」のような擬態語は平仮名で書かれることが多い。擬
音語で片仮名が選ばれやすいのは,擬音語が音に似せて描く語だからで
ある。

　ただし,片仮名というのは目立つ表記なので,擬音語のみならず,擬
態語であっても,たとえば「ワクワク」や「キラキラ」などと片仮名表
記されるものも実際には少なくなく,漫画の吹き出しや歌謡曲の歌詞な
ど,ポップカルチャーのなかでよく見かける表記だろう。

仮に当てられる片仮名

　一方,片仮名には,仮の文字としての用法がある。漢字が思いつかな
かったり,漢字で書くのが大変だったりする語の場合,とりあえず片仮

名で書いておくわけである。たとえば，日常的な言葉のわりには漢字が難しい「鞄」「靴」「椅子」「眼鏡」「肘」「膝」「唾」「怪我」などは，「カバン」「クツ」「イス」「メガネ」「ヒジ」「ヒザ」「ツバ」「ケガ」などと書くことが少なくない。これらの言葉は，漢字という文字をとおして憶えているという意識が薄く，むしろ音として憶えているので，片仮名を使って表記するほうが私たちの感覚に合っているということが背景にある。

また，漢字にしても意味が浮かびにくく，漢字にするメリットが低い語も片仮名で表記される傾向がある。「学生のフリをする」「タチが悪い」「ソリが合わない」「解決のメド」などは，漢字にすると，「学生の振りをする」「質が悪い」「反りが合わない」「解決の目処／目途」などとなるが，片仮名表記のほうがよく目にしそうである。

漢字の表記が有効なのは，漢字から連想されやすい中心的な意味であるため，中心的な意味から離れた派生的な意味の場合，片仮名表記が使われやすくなる。「交渉のツボ（壺）を心得る」「今週がヤマ（山）だ」「会社をクビ（首）になる」「女の子にモテる（持てる）」などがそれに当てはまるだろう。

さらに，語種がはっきりしないものも片仮名表記が選ばれやすい。「ジャンケン」「チラシ」「ゴミ」「ズレ」などがそれに当たる。また，片仮名は目立ちやすい表記なので，目立たせるために「ウソ（嘘）」「マンガ（漫画）」「セリフ（台詞）」「キザ（気障）」のような表記が用いられたり，俗っぽく見せるために「バカ」「ブス」「オヤジ」「ヤバい」のように片仮名が用いられたりすることもある。片仮名を用いると，音が強調される半面，意味が希薄化されるため，中身のない俗っぽい表記として伝わる傾向にある。

生物名を表記するときも，片仮名が用いられる。これらは俗っぽさよりも専門性を高める働きがあるが，仮の文字として片仮名が用いられて

いるという点では同じである。「ネコ（猫）」や「ゾウ（象）」のような動物も、「サケ（鮭）」や「ウナギ（鰻）」のような魚も、「アサガオ（朝顔）」や「スズラン（鈴蘭）」のような花も、「ニンジン（人参）」や「タマネギ（玉葱）」のような野菜も、片仮名で表記されるのが一般的である。

アルファベット表記

片仮名に関連して、アルファベットが日本語のなかに取りこまれることも近年増えてきている。「address」「e-mail」「coffee」「soft drink」など、英語の単語そのものが日常生活のなかに入りこんでいる。頭文字を取った「PC（Personal Computer）」「DJ（Disc Jockey）」「MC（Master of Ceremonies）」「ATM（Automated Teller Machine）」などもよく使われているし、日本語由来の「KY（空気読めない）」「JK（女子高生）」「AKB（秋葉原）」「TKG（卵かけご飯）」なども一般化している。「TV」「NHK」「JTB」など昔から使われているものもあり、こうしたアルファベットも、日本語の表記の一部になっていると考えて問題ないだろう。

企業名も、企業活動を国際展開するにあたり、「豊田」→「トヨタ」→「TOYOTA」、「東京通信工業」→「ソニー」→「SONY」、「伊藤羊華堂」→「イトーヨーカ堂／イトーヨーカドー」→「Ito-Yokado」とアルファベット化させる傾向がある。最近では、「富士重工業」→「SUBARU」、「旭硝子」→「AGC」となるなど、グローバル化の急速な流れを受け、片仮名を経由しないで直接アルファベットになる社名が増えているように感じられる。

片仮名表記の文体印象

子ども向けの文章には平仮名が増えることは先ほど述べたが、SNSなどで話すように書く軽い感じの文章では、片仮名表記は頻用される傾向がある。次の文章も、平仮名の一部を片仮名に変えるだけで、若い女

性が書いたような感じにすることが可能である。

　　原宿と表参道をうろうろして，すてきな靴を探してみたのですが，
　　なかなかこれ！といったものが見つからず，何も買わずに帰ってき
　　ました。仕方がないので，ネットで探そうと思うのですが，おしゃ
　　れでおすすめのショッピングサイトをご存知ですか。

　これを片仮名交じりにすると，次のようになる。

　　原宿と表参道をウロウロして，ステキな靴を探してみたのですが，
　　なかなかコレ！といったモノが見つからず，何も買わずに帰ってき
　　ました。仕方がないので，ネットで探そうと思うのですが，オシャ
　　レでオススメのショッピングサイトをご存知ですか。

　本来，平仮名で書かれるものを片仮名にすると，軽くておしゃれで目
立つ感じになる。新聞や論文など，公共性の高い文章では俗っぽさが増
すため，まず使われないが，若者向けの雑誌，ブログやツイッターなど
で使えばポップな印象が出るため，ジャンルを選んで用いれば，効果の
見こめる表現技法である。

5. 漢字の役割

読めない漢字

　実質語が片仮名と漢字で表記されるのが日本語表記の基本であり，こ
の両者は棲み分けている。すでに見たように，片仮名は音声を重視し，
意味を軽視する表記であるのにたいし，漢字は意味を重視し，音声を軽
視する表記である。漢字が一般に**表意文字**と呼ばれることからもそれは

わかる。ただし，表意文字というのは，言語を越えて共通に用いられる文字（算用数字や絵文字など）に本来使われるもので，漢字は音を有するし，日本語という特定の言語のなかで語や形態素と結びつくものであるため，専門的には**表語文字**と呼ばれる。

　漢字が意味を重視し，音声を軽視する表記であることは「貼付」「飛蚊症」の読み方を知らない人が多いことからもわかる。「貼付」はよく履歴書の写真欄に印刷されている文字であるが，「ちょうふ」という読み方を知らなくても，「貼付」という漢字で示された指示の意味はわかるため，困難は感じない。また，「飛蚊症」は目の病気であり，空などを見ているときに，黒い虫や糸くずのようなものがちらちら動いて見える状態のことである。しかし，「ひぶんしょう」という漢字が読めなくても，「蚊が飛んでいるように見える症状」ということはわかるので，やはり読み方を知らなくても不便を感じない。

　また，「廉価（れんか）」を「けんか」，「罹患（りかん）」を「らかん」と読んだりするのを耳にすることがある。そうした読み間違いはおそらく「廉」と「兼」，「罹」と「羅」の混同に由来すると思われるが，そうした誤った発音をしている人でも意味を正しく捉えており，目で読んでいるぶんにはとくに困ることはない。

同音異義語の問題

　日本で使われる漢字のやっかいな性格に**同音異義**がある。とくに二字漢語で問題になりやすい。次の①〜⑩の下線部を漢字に直すと，どうなるだろうか。

　①こうていのものはこうていに，神のものは神に返しなさい。
　②こうていには桜の木が植わっている。

③言語のアクセントには音の強弱によるものと，音のこうていによるものがある。

④人はこうていされるとやる気が湧く生き物である。

⑤地酒の酒蔵では酒造りのこうていを見せてくれるところが増えている。

⑥旅行会社からツアーのこうていについて説明を受けた。

⑦十大弟子と呼ばれるブッダのこうていは，その教えを世に広めた。

⑧各国大使にはこうていが与えられ，住居兼レセプション会場となる。

⑨聖書のテキストには多数の写本を用いてこうていが繰り返された歴史がある。

⑩保育にかかる費用は，こうてい価格として政府が一定の基準で算定している。

　答えは順に，①皇帝，②校庭，③高低，④肯定，⑤工程，⑥行程，⑦高弟，⑧公邸，⑨校訂，⑩公定となる。「こうてい」一つ取ってみても，これだけの同音異義語を使い分けなければならないのである。

　一方で，多数の同音異義語の存在はしばしば聞き違いの原因になり，たとえば大学の講義をしていて，学生のノートを見ると，同音異義語の聞き取りに失敗していることがあまりにも多いことを痛感させられる。音声コミュニケーション，とくに報道や学術など，非日常的な語を含む話の場合，二字漢語を可能なかぎり同等の意味の和語で置き換えたほうが，こうした誤解を防げる。

漢語表記による文体印象

　もちろん，漢語というのは書き言葉に向く表現であり，文章では正確

で引き締まった表現となるため，活用されるのは納得の行くところである。たとえば，次の文章の下線部を漢語に直すとどうなるだろうか。

　　<u>道ばたに</u> <u>置きっぱなしに</u>されている自転車は<u>すぐに</u> <u>片づけます</u>。

　「道ばたに」「置きっぱなしに」「すぐに」「片づける」は，いずれも和語である。これらを「路上」「放置」「即時」「撤去する」と直すと，きびきびとした硬い文体になる。

　　<u>路上に放置</u>されている自転車は<u>即時撤去します</u>。

　修正の結果，警告としての力が増すことがわかる。したがって，漢語の多用は公共性の高い文章には有効である。

異字同訓の使い分け

　同音異義と同様に問題になるのは，すでに見た**異字同訓**である。異字同訓の使い分けもやっかいな問題である。次の「かたい」はどんな漢字がよいだろうか。片仮名表記を選んでもよい。

　　①Hが多くなるほど，鉛筆の芯は<u>かたく</u>なる
　　②まあ，そう<u>かたい</u>こと言うなよ。
　　③送りバントは<u>かたい</u>作戦だ
　　④留学したいという娘の決心は<u>かたい</u>。

　①の鉛筆の芯は硬質な印象から「硬い」，②は俗っぽい使用なので，漢字を使うのは難しく，実際は「カタい」，③は手堅い作戦からの連想

で「堅い」，④は決心の揺るぎなさから「固い」が適切であろう。異字
同訓は日本語の動詞の意味を限定して読みやすくする働きがある一方，
あまりにも意味の区分に注目しすぎた結果，使い分けが煩雑になる傾向
がある。

　中西進（2003）の指摘によれば，「かく」の本来の意味は「ものを
ひっかく」（掻く）であり，器などを作るとき，粘土をこねて成形した
ものに先の尖った<ruby>尖<rt>とが</rt></ruby>ったものでひっかいて模様や線をかいていたことが「か
く」であったという。しかし，文字を「書く」，絵画を「描く」などと
使われると，こうした語源が見失われてしまう。また，「欠く」も「も
のをひっかく」，すなわち取り去ることから「かく」となるが，「欠く」
という漢字からはその意味は連想しにくくなるとされる。たしかに，異
字同訓は意味の区別に便利な半面，違いにばかり目が行ってしまい，共
通の原義がおろそかになってしまう傾向があるため，異字同訓の漢字の
選択には注意が必要である。

参考文献 ▎

石黒圭（2004）『よくわかる文章表現の技術Ⅰ　表現・表記編』明治書院

犬飼隆（2002）『シリーズ〈日本語探求法〉5 文字・表記探求法』朝倉書店

柏野和佳子・奥村学（2012）「和語や漢語のカタカナ表記―『現代日本語書き言葉均
　　衡コーパス』の書籍における使用実態―」『計量国語学』28-4，pp.153-161

樺島忠夫（1979）『日本の文字―表記体系を考える―』岩波新書

佐竹秀雄（2005）「現代日本語の文字と書記法」林史典編『朝倉日本語講座2 文字・
　　書記』朝倉書店，pp.22-50

中西進（2003）『ひらがなでよめばわかる日本語のふしぎ』小学館

中山惠利子（1998）「非外来語の片仮名表記」『日本語教育』96，pp.61-72

野村雅昭（1988）『漢字の未来』筑摩書房

3 | 書記史 —"書く"という行為の歴史—

衣畑智秀

《目標＆ポイント》 漢字という文字を移入し，それをどう利用・加工して日本語を記すようになったのか，漢文を読むことに由来した漢文訓読文と，平安時代の話し言葉に基づく和文は，どのように対立・混交し，書き言葉を形成したのか，古典語に由来する文語文が，現代の話し言葉に基づく口語文によって，どのように乗り越えられたのか，について見ていく。
《キーワード》 漢字，平仮名，片仮名，和文，漢文訓読文，和漢混交文，文語文，口語文

1.「書記史」とは

　第5章で取り上げる音韻の歴史変化は、音韻が話された言葉に備わる性質であるため，話された言葉を対象としている。また，第10章で取り上げる文法史も話された言葉を対象とする。もちろん書かれた言葉（いわゆる「書き言葉」）にも文法は存在するが，それは，いつの時代のものかはともかくとして，話し言葉の文法を反映していると考えることができる。文語文法と言われるものも，平安時代に話されていた，話し言葉の文法に基づいて書かれたものであると言えよう。

　しかし我々は，過去に（特に19世紀までに）話されていた日本語を直接観察することはできない。そこで，書かれた文献を取捨選択し，話し言葉の歴史を推定することになる。そのことは，音韻史で外国語資料が重宝されることに顕著であるが，文法史においても，適切な文献を選ば

なければ，書き言葉の保守性によって変化が見えにくくなることがある。よって，話し言葉の性質を見るためにも，日本語がどのように書かれてきたかはある程度押さえておく必要がある。また，必ずしも話し言葉の研究を前提とせずとも，書き言葉それ自体の歴史が日本人の言語生活を反映しており，文化史の一部をなすと言える。そこで本章では，日本語を書き記すことの歴史，すなわち「書記史」について見ていくことにする。

2. 文字の移入と発達

2.1 漢字の伝来と利用

『古事記』によると，応神天皇の時代（4世紀末〜5世紀初め）に日本に文字（漢字）がもたらされた。また，『日本書紀』ではこのときに，百済からの渡来人に諸典籍を学んだ記事が載る。しかし，実際に日本語を記すために文字が使われた証拠が残っているのは5〜6世紀のことである。その最も早い例の一つは，埼玉県稲荷山古墳から出土した鉄剣銘（「辛亥年」は471年か）で，人名や地名（斯鬼）が中国語の音を借りて（**借音**で）表音的に記されている（以下，適宜振り仮名，句読点等を付す）。

(1) （表）辛亥年七月中記。乎獲居臣上祖，名意富比垝（オホヒコ），其児多加利（タカリ）足尼（スクネ），其児名弖已加利獲居（テヨカリワケ），其児名多加披次獲居（タカハシワケ），其児名多沙鬼獲居（タサキワケ），其児名半弖比（ハテヒ）（裏）其児名加差披余（カサハヨ），其児名乎獲居臣（ワケ），世々為杖刀人首奉事来至今。獲加多支鹵（ワカタケル）大王寺在斯鬼（シキ）宮時，吾左治天下，令作此百練利刀，記吾奉事根原也。

しかし，このような固有名詞を除いては，最後の一文にも見られるように漢文の語順で書かれており，これが日本語として読むために書かれたとは考えにくい。

　だが一方で漢字は，一字が語に対応する表語文字であり結果として語の意味に対応しているため，その意味に基づいて日本語で読むことも不可能ではない。個々の字について，日本語の固有語である**和語**が定着したものを**訓**と言う。たとえば6世紀末と推定される島根県岡田山古墳から出土した鉄刀には，部民の名である「ぬかたべ」を「各田卩」と表記しており，「各」（「額」の省画）には「ぬか」，「田」には「た」，「卩」（「部」の省画）には「べ」という和語の訓が定着していたことを物語っている。また，一つの字ではなく，文章全体を日本語で読まれることを想定して書かれた碑文も7世紀になると見られるようになる。次の法隆寺薬師如来像の光背にある銘文は，一見，純粋な漢文で書かれているようだが，振り仮名を付した部分は「目的語―動詞―補助動詞」のような語順になっており，個々の漢字に定着した訓に基づいて，日本語で読まれたものと思われる（他の銘文・木簡に関しては沖森（2003）参照）。

(2)　池邊大宮治天下天皇，大御身^{おほみ} ^み勞^{いたはり}賜^{たまふ}時，歳次丙午年召於大王天皇与太子而誓願賜，我大御^{わがおほみ}病^{やまひ}太^{ひたひら}平^{けく}欲^{おも}坐^{ひます}，故将造寺藥師^{やくし}像^{ざうつくり}作仕^{つかへまつら}奉^{むと}詔^{みことのりす}。然，當時，崩^{かくれ}賜^{たまひ}造^{つくりの}不^{あへ}堪^{ざれ}者^ば，小治田大宮治天下大王天皇及東宮聖王，大命^{おほみこと}受^{うけ}賜^{たまひ}而^て，歳次丁卯年仕奉。

　以上のような訓や音による表記を交えて記されたのが『古事記』（712年）の文章である。次に挙げるのは，スサノヲノミコトが出雲の国に宮を造営する場面であるが，凡そは返り点が示すように漢文で書かれるものの，地名の「すが」やその語源となった形容詞「すがすがし」は借音で表記されている。訓による表記では，必ずしも意図した日本語を正確に表せないため，このような音を交えて記すという方法をとったことが古事記の序に記されており，これらのことは，『古事記』が中国

語ではなく日本語で読まれるものであることを示している。

(3) 　故是以，其速須佐之男命，宮可_造作_之地求_出雲国_。爾，
　　　到_坐須賀…（略）…地_而，詔之，吾，来_此地_，我御心，
　　　須々賀々斯而。…（略）…自_其地_雲立騰。爾，作_御歌_。其
　　　歌日，夜久毛多都　伊豆毛夜幣賀岐　都麻碁微爾　夜幣賀岐都
　　　久流　曾能夜幣賀岐袁

　この『古事記』の最後の行が示すように，『古事記』の歌は，例外な
く一字が一つの音節を表す借音で表記される（一字一音表記）。また，
よく『古事記』と対比される『日本書紀』（720 年）は，本文は純粋な漢
文（古典中国語文）で記されるが，歌に関しては『古事記』と同じく借
音による一字一音表記である。『万葉集』
（759 年以降）の中には，この原則が守
られないものもあるが，散文と比べる
と，和歌はその言葉を正確に伝えるた
め，借音によって仮名のように表記され
ることが多かったとは言えよう。

2.2　平仮名の発達

　平安時代に入ると，日本語の一つの音
節に表音的に当てられた漢字（つまり万
葉仮名）が書き崩されて平仮名が生まれ
た。この過程を良く示す資料としてしば
しば取り上げられるのが，図3-1に示し
た藤原有年申文である（築島 1969：2編

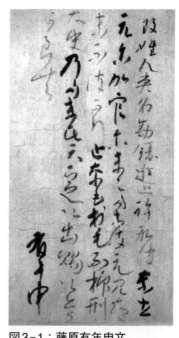

図3-1：藤原有年申文
（東京国立博物館蔵）
（Image：TNM Image Archives）

2章2節)。これは改姓願いの前に添えられた太政官への申し渡し状だが，ここに平仮名への移行が見られるということは，男性貴族が日常の業務のために漢字を崩すところから平仮名が発達したことを示唆している。

(4)　改姓人夾名勘録進上　許礼波奈世／无尔加　官尔末之多末波无
　　　見太末／不波可利止奈毛於毛不　抑刑／大史乃多末比天　定以
　　　出賜　以止与／可良無　有年申　　　　　　　　　　（／は改行）

たとえば3行目を例にとると，「止奈毛於毛不」という万葉仮名とも「となもおもふ」という平仮名とも見えるような書き方だが，有年本人にはどちらか一方で書いているという意識があるわけではない。

　このように貴族社会において，万葉仮名を書き崩すことによって成立した平仮名は，文学において，和歌を記すための道具としてその効力を発揮した。

(5)　ふるとしにはるたちけるひよめる／ありはらのもとかた／とし
　　　のうちにはるはきにけりひと／とせをこそとやいはむことしと
　　　やいはむ（『古今集』春歌上1）

前代から，和歌は一つの音に一つの漢字を当てて書かれていたが，漢字は意味を表し分けるために字画が複雑であった。また，同じ音に多数の字が用いられてもいた。平仮名は，漢字の画数や同音字の種類を減らし，表音表記を効率化したと言える。ただし，同音字については，現代のように一種類に統一されたわけではなく，**図3-2**の歌の中でも，「と」に「東」「止」，ハに「波」「者」，ムに「武」「無」が書き崩された仮名が混在している。

44

平仮名が，男性によって使い始められたことは，男性が職務や教養のために漢字を覚える必要があったことからすると，当然の流れであった。しかし，平仮名が定着し，和歌を書き写すようになっても，男性貴族が主に使うのは漢字・漢文であった。当時の国際共通語が中国語であり，男性貴族は教養としても漢詩や漢文を作った。また，正格の漢文ではないが，『小右記』（藤原実資）や『御堂関白記』（藤原道長）などの日記を書く際にも，ほぼ漢字のみで文章を綴っている。

図3-2：古今集高野切（部分）
（五島美術館蔵）

(6) 十四日，丙申，終日陰，時々微雨下，入夜有大雨，右頭中将仰云，晴明朝臣奉仕五竜祭，有感，賜被物云，早可賜也，雷声小也（御堂関白記，寛弘元年7月）

このような事情から，日常使われる平仮名は，女性によって使用されるものという意識が生じたらしい。平仮名のことを「女手」と呼ぶ（対して漢字は「男手」）のもその意識の表れであるし，

(7) をとこもすなる日記といふものを，をむなもしてみむとてするなり。

という『土佐日記』の冒頭も，漢字を使う男性に対し，平仮名を使うこ

とで，女性が書いた日記であることをメタ的に表していると言える。

　「平仮名＝女手」，「漢字＝男手」という対立は，基本的にこれらの文字が混ぜて使われないということも意味している。現代のように，文章が漢字平仮名交じりで書かれていれば，このような対立は生じないからである。このような表記法をそれぞれ**平仮名文**，**漢字文**[1]と呼んでおこう。このような平仮名の表記法は，次に見る片仮名とは対照的である。

2.3　片仮名の発達

　『日本書紀』によると，仏教は欽明天皇の時代（552年）に，百済の聖明王からもたらされたとされる。日本にもたらされた経典は，中国を経由したものであり，中国語に訳された漢訳経典であった。よって，6世紀から，仏教を学ぶ際にも漢字に触れる機会があったものと思われるが，8世紀には経典を日本語で読めるように，染料によって記号が付された経典が見られるようになる。このような記号を**訓点**と言い，記号の付された漢文文献を**訓点資料**と言う。

図3-3：
地蔵十輪経元慶点
（東大寺蔵）

　平安時代の訓点資料においては，この漢文を読むための記号には助詞や接辞を表す「・」（ヲコト点）が多いが，中には漢字の一部を取った片仮名が使われることもある。**図3-3**には『地蔵十輪経』という経典に差された元慶七年（883年）の訓点を示すが，ヲコト点を平仮名にして訓み下すと（8）のようになる。

1）これはどのような言語・文体で文章を綴るかという観点から「変体漢文」「和化漢文」「漢式和文」，資料の観点から「記録体」などと呼ばれてきた。ここでは文字遣いの観点から「平仮名文」と対照させて「漢字文」としている。

(8) 鼻を以て罪人の両の脛を巻取〔マキトリ〕〔ヒザ〕，空の中に挙上〔アゲテ〕，其の勢力を尽して，地に撲〔クダカムト〕〔スルニ〕，忽に此の人の裳に赤き色有（る）を見る。

　ここに用いられている仮名で言うと，「止」の一部をとり「ト」，「利」の旁を取り「リ」，「阿」の偏から「ア」，「加」の部首から「カ」など，漢字の一部を取って作ったために，これらの仮名を**片仮名**と呼ぶ。ただし，現代の片仮名とは字母の異なるものや（「タ」に「多」でなく「太」の一部を取る），そのまま字母を使うかやや崩したもの（マに「万」，サに「左」など）も見られる点で，最初から整然と整備されていたわけではないことが分かる。

　このように，片仮名は漢訳経典の注記として使われ始めたという経緯から，漢字とともに用いられ，漢字片仮名交じり文として書かれるようになる（春日 1983：5章）。訓点からの直接の影響関係は不明だが，『今昔物語集』（鈴鹿本，**図3-4**）は全編漢字片仮名交じり文で書かれるし，高山寺に住した明恵の聞書類〔ききがき〕や，禅宗寺院での講義を写した抄物も，凡そ漢字に片仮名を混ぜて書かれるなど，中世の，仏教関係資料の，一般的な表記方法として定着している。

3. 文体の形成

3.1　和文と漢文訓読文

　平安時代に「女手」と意識された平仮名は，天皇や後宮の妃たちに仕える女房が文学作品を綴るのに大きな役割を果たした。『蜻蛉日記』『和泉式部日記』『紫式部日記』『更級日記』などの日記が書かれ，また，『枕草子』のような随筆や『源氏物語』のような長編小説も，原典が残っているわけではないため明言はできないが，平仮名文によって書かれたと考えられる。これら平仮名によって綴られた文章は**和文**と言われ，当時

の話し言葉を反映したものであった。地の文と会話文との文体的差異が少なく，一文がなかなか切れない（小松 2003）。橋本（1987-95）ではそのような点に着目して，『枕草子』を（10）のように訳している。

(9) 細殿に人あまたゐて，やすからず物など言ふに，清げなる男，小舎人童など，よき包み，袋などに，衣ども包みて，指貫のくくりなどぞ見えたる，弓，矢，楯など持てありくに，「誰がぞ」と問へば，ついゐて，「なにがし殿の」とて行く者はよし。けしきばみやさしがりて，「知らず」とも言ひ，物も言はでも去ぬる者は，いみじうにくし。(44段)

(10) 細殿に女房達〈キャリア〉が一杯坐っててバンバン話なんかしてる時に，こざっぱりした郎党〈ギャルソン〉や小舎人〈こどねり〉少年なんか——立派な包みや袋なんかに衣裳を包んで，指貫の紐なんかが見えてるのね——弓，矢，楯なんか持って歩いてくから，「誰のよ？」って訊けば，膝まずいて「誰それ様ので——」って，言ってくヤツはいいのよ。気取ったり恥ずかしがってさ，「存じません」とか言ったり，なァーんにも言わないで行っちゃうヤツは，メチャクチャ頭来るわねッ！

これに対し，漢文訓読文は，書き言葉である漢文を基調とした文章であるため，一文一文が短く切られ，長くなることはあまりない。

　また，和文と漢文訓読文では，そこに用いられた語彙も違っていたことが分かっている。漢文訓読文に漢語が多いことは，それが漢文を基調としたものであることから容易に想像されるが，逆に和文においては，漢語が極めて少ない。築島（1969）によると，『大慈恩寺三蔵法師伝』の古点の全体の異なり語数に占める漢語の割合は85.8％であるのに対し，『源氏物語』のそれは12.6％で，それでも和文の中では飛び抜けて高いという。

和文において見られる漢語には『土佐日記』から以下のようなものが挙げられ，これらは貴族社会の日常で定着した語彙だったと推測されている。

(11) かいぞく（海賊），かうじ（柑子），ぐわんにち（元日），げゆ（解由），ごしき（五色），ぜに（銭），ちうじやう（中将），てけ（天気）

　和語においても，和文と漢文訓読文で対立が見られる。築島（1969）からその一部を挙げる（平仮名は和文特有語，片仮名は訓読特有語）。

(12) さす―シム_{使役}，やうなり―ゴトシ_{比況}，ぬ―ザル_{否定・連体形}，え…ず―アタハズ_{不可能}，むつかる―イキドホル，すべて―コトゴトク，かたみに―タガヒニ，はやし―スミヤカ，やすむ―イコフ，いみじ―ハナハダシ，かしら・みぐし―カウベ

漢文訓読語の語彙は，相対的に奈良時代のものが残っていることが多く，和文の話し言葉性に対し，保守的な書き（読み）言葉の性質を示していると言える。漢文訓読は，漢訳経典の読解以外にも，男性貴族によって教養の一環として広く行われており，一つの文体を形成していたと見ることができる。

3.2　和漢混交文

　平安時代に対立が見られた和文と漢文訓読文は，平安末の院政期以降，その混交が見られるようになる。院政期に成立した『今昔物語集』は，仏法譚を扱った巻20までは漢文訓読文の影響が強く，世俗説話を扱った巻22以降が和文の性質が強いと言われる。しかし，中には両者が混交している次のような例も見られる（ここの論述は田中（2019：

198-199) による)。

(13) a．今昔，舍衛国ノ波斯匿王ニ一人ノ娘有リ。善光女ト云フ。
　　　　<u>端正美麗ナル</u>事，世ニ無並シ。(巻2-24)

　　b．今昔，染殿ノ后ト申スハ，文徳天皇ノ御母也。良房太政大
　　　　臣ト申<u>ケル</u>関白ノ御娘也。形チ<u>美麗ナル</u>事，殊ニ<u>微妙カリ</u>
　　　　<u>ケリ</u>。(巻20-7)

　　c．今昔，小野ノ宮ノ右大臣ト申<u>ケル</u>人御
　　　　<u>ケリ</u>。御名ヲバ実資トゾ申<u>ケル</u>。身ノ
　　　　才<u>微妙ク</u>，心賢ク御<u>ケレバ</u>，世ノ人，
　　　　賢人ノ右ノ大臣トゾ名付タリ<u>シ</u>。(巻
　　　　27-19)　(**図3-4**)

(13c) は過去時制を基調として語り，和語を多く含
むなど和文の特徴を持つ。対して (13a) は時制を
含まず，漢語形容動詞「端正美麗ナリ」を使い，漢
文訓読文的性質が強い。これらに対し，(13b) は
「美麗ナリ」「微妙シ」のように和語と漢語を併用し，
　　　ビレイ　　　　メデタ
時制が示されたり示されなかったりするなど，(13a)
と (13c) の中間的な文体となり，和文と漢文訓読文
が混ざり合う和漢混交文となっているのが分かる。
　また，『今昔物語集』と並び，和漢混交文の典型
とされる『平家物語』では (佐藤1983：2章4節)，
漢文訓読文の流れを汲む漢字片仮名交じりのテキス
ト (延慶本 (1310年) の諸本) だけでなく，漢字
平仮名交じりのテキスト (覚一本 (1371年) の諸

図3-4：
今昔物語集 鈴鹿本
(京都大学附属図書館蔵)

本）も作られており（今野（2017：4章）など参照），表記法の上でも和漢混交が進んでいたことが確認される[2]。このような，説話集や軍記物以外にも，随筆，紀行，謡曲なども和漢混交文で書かれ，和漢混交文は中世以降に文章を綴る一般的な文体となっていった。

3.3　文語文

　和文も和漢混交文も，平安時代の文法に基づいて書かれた文章である。よって平安時代には，どちらも話し言葉の文法に則っていたと言える。特に和文は，3.1節で見たように，平安中期の話し言葉をそのまま写したような文体であった。しかし，和漢混交文のような書き言葉の成立も影響し，平安時代の文法が，そのまま中世以降の書き言葉の文法となっていく。中世以降，平安時代の文法に基づいて書かれた文章のことを，広く**文語文**と言う。室町時代に成立した御伽草子には，和文の影響の強いものも和漢混交文の要素が強いものも認められるが，どちらも文語文で書かれている。

(14) 東山道陸奥の末，信濃国十郡のその中に，つるまの郡あたらしの郷といふ所に，不思議の男一人侍りける，その名をものくさ太郎ひぢかすと申し候ふ。名をものくさ太郎と申すことは，国に並びなき程のものくさしなり。ただし，名こそものくさ太郎と申せども，家造りの有様，人にすぐれてめでたくぞ侍りける。（ものぐさ太郎，室町時代）

　たとえば，ここでは断定の「なり」や過去の「けり」，丁寧語の「侍り」「候ふ」，謙譲語の「申す」，係り結び（「ぞ〜ける」）など，平安時代の語法が豊富に見られる。しかし，この時代の話し言葉がこのようなものでなかったことは，抄物，キリシタン資料，狂言などから知ること

---

2) なお，平安時代の漢字平仮名交じりの珍しい資料としては，覚超（960-1034）自筆の『修善講式』が知られている（築島1969：2編3章3節）。

ができる。たとえば，1480年に成立した『史記抄』（『史記』についての講義を記した抄物）に写された室町時代の言葉は次のようなものである。

(15) a. 降居トハ天子ニナラウ人ヂヤガ，マダ天子ニナリハセイデ，ヨソヘイデイルソ。（五帝本紀）
　　 b. 日本国トハ誰ガツケタゾト思ヘバ武皇后ト云ゾ。則天武后ノ時カラ日本国ト名ヲ改ラレタゾ。（夏本紀）

ここには，断定の「なり」に代わって「ヂヤ」，逆接の「ども」に代わって「ガ」，過去の「けり」に代わって「タ」のように，平安時代とは異なる語法が指摘できる。

3.4　口語文への流れ

　江戸時代に入っても，文語文は日本語で文章を綴る時の標準であった。国学者たちは，和歌に用いられる雅語や修辞法を用いて和文を記し，自らの文語文を雅文と称して肯定的に捉えた。雅文と対比され俗を主題とする俳文も，文体は文語文である。御伽草子の後に現れた仮名草子，西鶴の創始した浮世草子，さらに，江戸後期の読本や合巻など，文語文の例はいくらも挙げることができる（橋本 1986）。むしろ，地の文も含めば，文語文でない文章を挙げることの方が難しい[3]。しかし，それは地の文に引用される会話文には当てはまらない。狂言や浄瑠璃，歌舞伎の台本に話し言葉が見られるのはもちろんであるが，江戸時代の通俗小説である戯作の中でも，洒落本，人情本，滑稽本など，会話を楽しむ，会話によって話が進むものが多く出版されるようになる。次は

3) 抄物の流れを引く講義の筆録を除くと，例外的に話し言葉に基づく文体で書かれたものとして，上田秋成『胆大小心録』（一部，1808-9年），勝小吉『夢酔独言』（1843年）などがある。

1832 年に出版された人情本『春色梅児誉美』からの例である。

(16) よね「急度(きっと)でございますヨ 丹「何を急度だ よね「ほかの気を出すといやだと申ことサ 丹「ム、ヨ承知だからモウ道よりをしねへで飯(けへ)んなヨ よね「ナニ途中(みちより)寄をする所がありますものか 丹「そして先剋(さっき)の手紙を手めへ裏前(うらまい)へ頼んでやるのじやアねへか。だれにかおれが頼んでやらふ よね「アイそふだツけネ 夫(それ)じやアそふしてお呉(くん)なさいヨ。 よく気が付て呉(くれ)さしツたねト^{あがつて來て}^{ふみをわたす}
○下されしといふをくれさツしやるくれさしツたのたぐひこれみな里のことばくせなり（初編1）

　会話部分では，漢字平仮名交じりの本文の中に，補助的に終助詞や間投詞を片仮名で表記し，話し言葉らしさを表している。会話は「里のことば」つまり俗語を多く含む当時の話し言葉であり，会話によって物語は進行していく。一方，最後に割り書きされた地の文は，「下されし」（過去）「ことばくせなり」（断定）からも，文語文で書かれていることが分かる。このような作品では，会話（話し言葉）が主で地の文（文語）が従なのである。このように当時の話し言葉によって物語が進行していく背景には，会話にも文語文が使われれば，読者である町人が登場人物に感情移入しにくいということがあるのだろう。会話による進行は，読者を作品舞台に引き入れるように仕組まれたものと見ることができる。

3.5　言文一致
　明治時代に入ると，話し言葉によって作品世界に読者を引き入れる手法は，会話文だけでなく地の文にも及んでいく。坪内逍遥は，『小説神髄』（1885-6 年）で，文学とは人間の内面を写実的に描き出すものであるとし，その実践として『当世書生気質』（1885-6 年）を著した。

(17) (須) ヲヲ宮賀か。君ハ何処へ行つて来た。(宮) 僕かネ，僕ハいつか話をしたブック（書籍）を買ひに丸屋までいつて，それから下谷の叔父の所へまはり，今帰るところだが，尚門限ハ大丈夫かネヱ (須) 我輩のウヲッチ（時器）でハまだテンミニツ〔十分〕位あるから，急いて行きよつたら，大丈夫じやらう。(宮) それじやアー所にゆかう。(須) ヲイ君。一寸其ブックを見せんか。幾何した歟。(宮) おもつたより廉だつたヨ。といひながら得意貌に包をとくとく取出すハ，美イトン氏の，普通学識字典なり。(第2回)

『当世書生気質』には，明治期に大量に日本語に入った外来語や新漢語が書生言葉として用いられ，当時の話し言葉を写していると思われるが，その表記や文体（会話が中心，地の文は文語文）は，江戸時代以来の戯作と変わらないものだった。

　これに対し，このころ坪内逍遥を訪ねていた二葉亭四迷が書いた小説『浮雲』(1887–9年) は，地の文も話し言葉に基づく文体，すなわち言文一致体（**口語文**）であった。言文一致体は，山田美妙や嵯峨の屋おむろによっても始められたが，二葉亭四迷に特徴的だったのは，その文体が非丁寧体だったことである。

(18) a.「アラ月が……まるで竹の中から出るやうですよ　鳥渡御覧なさいョ」
　　　庭の一隅に栽込んだ十竿ばかりの織竹の葉を分けて出る月のすずしさ。月夜見の神の力の測りなくて，断雲一片の翳だもない，蒼空一面にてりわたる清光素色，唯亭々皎々として雫も滴たるばかり。(1–3)

b．「痩我慢なら大抵にしろ」と昇は云ツた。

痩我慢々々々々誰が痩我慢してゐると云ツた，また何を痩我慢してゐると云ツた。(2-9)

非丁寧体の口語文は，(18) のように，登場人物の視点から情景を描写し，また登場人物の思いを地の文に述べることに長けている（野村 2013：II-3）。このように登場人物の内面を描き，そこに読者を感情移入させる地の文を持つ言文一致体は，この後，小説を綴る一般的な文体となっていった[4]。

4. さいごに

本章では，日本語で文章を綴ることについて，表記と文体の観点から見てきた。日本人は中国から移入した漢字を元に，平仮名や片仮名を作ったが，それで漢字を捨てることはしなかった。それは，片仮名が漢字の補助記号として使われる漢字片仮名交じりという表記法を生み出したことが大きい。特に近世に入ると，漢字平仮名交じり文が表記法の主流になっていくが，片仮名は話し言葉的な特徴や外来語を記す補助的な文字として今でも使われている。

文章についても，中国から入ってきた漢文が，長らく正式な文章を記す書き言葉であった。これに対し和文は，平安時代の話し言葉に基づくものであったが，時代とともに固定化していき，話し言葉からは乖離（かいり）した文語文となっていく。その状況において，もう一度話し言葉に基づく書き言葉を作ろうとしたのが言文一致運動であり，そこで成熟した口語文が我々の書記の標準となっている。

---

4) もっとも言文一致は小説だけに起こったわけではない。明治初期から庶民向けの娯楽記事を載せる小新聞では演説体を元にした口語文が使われた（山本 1965）。また，1900 年以降には，国定教科書や大手の新聞でも口語文へ統一されていく。

用例出典 ▍

稲荷山古墳鉄剣銘，法隆寺薬師如来像光背銘（以上『資料日本語史』おうふう），
古事記，枕草子，今昔物語集，ものくさ太郎（以上新編日本古典文学全集），御堂
関白記（大日本古記録），土佐日記（大阪青山学園蔵，為家筆本），地蔵十輪経元慶
点（『仮名遣及仮名字体沿革史料』勉誠社），今昔物語集（京都大学附属図書館蔵，
鈴鹿本），史記抄（『史記桃源抄の研究』日本学術振興会），春色梅児誉美（日本古
典文学大系），当世書生気質（高知市民図書館・近森文庫蔵，初版単行本（近代書
誌・近代画像データベース利用）），浮雲（二葉亭四迷全集，筑摩書房）
※適宜，通行の字体を使用し，句読点を補った。

引用・参考文献 ▍

沖森卓也（2003）『日本語の誕生―古代の文字と表記』吉川弘文館
春日政治（1983）『国語文体発達史序説』勉誠社
小松英雄（2003）『仮名文の構文原理　増補版』笠間書院
今野真二（2017）『漢字とカタカナとひらがな』平凡社新書
佐藤武義（1983）『今昔物語集の語彙と語法』明治書院
田中牧郎（2019）「文体差と文体史」衣畑智秀編『基礎日本語学』ひつじ書房，
　　pp. 188-211.
築島裕（1969）『平安時代語新論』東京大学出版会
橋本治（1987）『桃尻語訳　枕草子』河出書房新社
橋本四郎（1986）「近世における文語の位置」『橋本四郎論文集　国語学編』角川書店，
　　pp. 346-376.
野村剛史（2013）『日本語スタンダードの歴史』岩波書店
山本正秀（1965）『近代文体発生の史的研究』岩波書店

4 | 音声・音韻 ―音の組織とリズム単位―

滝浦真人

《目標＆ポイント》 日本語の音はどのように組織されているか，複雑なのか単純なのか，どのような点に特徴があると言えるか，といったことを，馴染み深い五十音図との異同を手がかりにしながら確認する。次いで，音が連なって用いられる仕方にどのような規則性と特徴があるかを検討する。その上で，その過程で浮かび上がってくるリズム単位としての「モーラ」の働きを見る。

《キーワード》 五十音図，音素と音声，音節構造，モーラ，アクセント

1. 「五十音図」と「音素」

　日本語の音組織と言われて多くの人の頭に浮かぶのは「五十音図」だろう。アイウエオがどんな音と結び付いて使われるかが表の形で示されており，日本語の音韻がまことに整然と組織されている。ならば学問的に検討したいときにも五十音図を利用すればよいかというと，そうとも言えない。1つには，実際の音声は五十音図から想像されるものよりしばしば複雑である。そしてもう1つには，五十音図は仮名文字を単位とするが，それより細かい単位を用いた方が，音の体系性を明瞭に捉えることができる。この点は五十音図をローマ字書きすればある程度克服できるとはいえ，世界の他の言語と比較検討もしたいといったことを考えれば，やはり共通のプラットフォームが必要となる。

　そのため，言語学的に扱う際は，「音声」に加えて「音素」と呼ばれ

る単位を用いることが行われている。この二者は次元が異なっていて，「**音声**」は実際に発音されている音のことである（表記するときは［　］というカッコを使う）のに対し，「**音素**」とは，音の用いられ方・働き方を考慮しながら設定される一段抽象的な単位である（機能単位といった言い方もし，表記するときは／　／というカッコに入れる習慣がある）。「**五十音**」というのも音声そのものではなく一種の機能単位であるので，結果的に日本語の音素は五十音と通じ合う部分も多い（が，上で述べたようにいくつかの点でずれる）。そこでまず，五十音図に，標準的と思われる音素表記を付けていって，着目する必要のある点を挙げていくことにしよう。アカサタナ…の表に加え，濁音の表，拗音の表（清音・濁音）とあるので，その順で見ていく。音声そのものの次元にも触れることになるが，ここでは最低限にして，主に次節で見る。

　では，アカサタナハマヤラワの表から。（注目したい箇所を太字で示すことにする。）

表4-1

ア	カ	サ	タ	ナ	ハ	マ	ヤ	ラ	ワ
a	ka	sa	ta	na	**ha**	ma	**ja**	ra	wa
イ	キ	シ	チ	ニ	ヒ	ミ		リ	
i	ki	si	**ci**	ni	**hi**	mi		ri	
ウ	ク	ス	ツ	ヌ	フ	ム	ユ	ル	
u	ku	su	**cu**	nu	**hu**	mu	**ju**	ru	
エ	ケ	セ	テ	ネ	ヘ	メ		レ	
e	ke	se	te	ne	**he**	me		re	
オ	コ	ソ	ト	ノ	ホ	モ	ヨ	ロ	
o	ko	so	to	no	**ho**	mo	**jo**	ro	

タ行を見てほしい。/t/が立つのはいいとして，イ段とウ段のところに/c/という見慣れない記号が使われている。これは，タテトとチツとで，音声的な違いが大きいことを考慮したことによる扱いである。チとツをゆっくり発音してみると，舌が歯茎から離れた後にはっきりと持続する音が聞こえることに気づくだろう。それがタテトでは聞こえないため，音の種類が異なると判断されるからである（「破擦音」と「閉鎖音（破裂音）」の違いということになるが，詳しくは後で）。

ハ行は全体をマークした。実は，これもゆっくり発音してみれば感じられるが，ハ行もイ段とウ段の音声が各々他とは異なっている。ただ，タ行とは違って，音の種類が異なるのではなく，後ろに来る音の違いに影響されて，発音される場所（位置）が異なるという相違であるため，機能単位としては/h/でカバーできるという判断による[1]。ヤ行の記号/j/も見慣れないだろう。yではないのかと思われるかもしれないが，こちらは表記上の事情があってjを用いる習慣がある[2]。

次には濁音の表を見る。

表4-2

ガ	ザ	ダ	バ	パ
ga	za	da	ba	pa
ギ	ジ	ヂ	ビ	ピ
gi	**zi**	**zi**	bi	pi
グ	ズ	ヅ	ブ	プ
gu	**zu**	**zu**	bu	pu
ゲ	ゼ	デ	ベ	ペ
ge	ze	de	be	pe
ゴ	ゾ	ド	ボ	ポ
go	zo	do	bo	po

---

1) 音素の設定は，その点のみの違いで単語が区別されること（最小対）をはじめ，様々な観点を総合的に検討して行う。そのため，他の可能性があることも多く，それぞれに長短が異なる。

2) yは，国際音声記号（IPA）と呼ばれる世界基準の発音記号で［i］の唇を丸めた母音（フランス語などにある）用に使われている。

　ザ行とダ行のところに目立つ特徴がある。2つの行に共通して/zi zu/
となっているが，ダ行は/di du/ではないかとの疑問も浮かぶだろう。
たしかに，先ほどの表にあったサ行とタ行という清音の対では/si su/
対/ci cu/という区別があった。歴史的には，濁音の方でもこの区別が
あったのが，次第に失われて現在の日本語（共通語）では区別がなく
なったという経緯がある（そのことは次章であらためて見る）。なお，
/di du/は，外来語に「ディ ドゥ」が出てくるため，それを表す記号と
して利用することができる。
　では拗音の表である。2つまとめて掲げる。

表4-3

キャ	シャ	チャ	ニャ	ヒャ	ミャ	リャ
kja	sja	**cja**	nja	**hja**	mja	rja
キュ	シュ	チュ	ニュ	ヒュ	ミュ	リュ
kju	sju	**cju**	nju	**hju**	mju	rju
キョ	ショ	チョ	ニョ	ヒョ	ミョ	リョ
kjo	sjo	**cjo**	njo	**hjo**	mjo	rjo

ギャ	ジャ	ヂャ	ビャ	ピャ
gja	**zja**	**zja**	bja	pja
ギュ	ジュ	ヂュ	ビュ	ピュ
gju	**zju**	**zju**	bju	pju
ギョ	ジョ	ヂョ	ビョ	ピョ
gjo	**zjo**	**zjo**	bjo	pjo

　拗音は，五十音図で小文字の「ャ」を添えるのと同じように，音素で
も/j/を挟む形となる。チャ行も/cj/で表している[3]。ヒャ行も/hj/でそ
ろえている。濁音の方では，先ほどのザ行とダ行のイ段・ウ段と同じ事
情によって，ジャ行とヂャ行が/zj/に合流して区別がなくなっている。

3）この場合，/ca co/は外来語の「ツァ ツォ」に対応する表記となる。

日本語の音素

さて，以上をまとめよう。ここで用語を導入する。以上の表すべてに含まれていたのが/a i u e o/で，音のまとまりをつくる際の中心を担う音ということで「**母音**」と呼ばれる。音声学的には，口むろ内で空気の流れ（気流）を妨げる特段の**狭め**がつくられることなく調音される，相対的に響きの大きい音である。それと対照的に，舌や唇などの音声器官によってつくられた様々な程度の狭めが固有の音色をつくり出す，響きは小さいが区別のしやすい音が「**子音**」である。中には，子音から母音へとわたるように調音される音もあって，「**半母音**」と呼ぶことがある。以上に具体的な日本語の音素を当てはめると次のようになる。母音や子音の表示順については次節で触れる。

【日本語の音素（1）】

母音：　/i e a o u/

半母音：/w j/[4]

子音：　/p b m t d s z c n r k g h/

とりあえずここに，母音の音素が5つと，それ以外の音素が15並ぶことになった（後で「特殊拍」などと呼ばれるものが少し加わる）。このように整理される日本語の音体系は複雑だろうか？　それとも単純だろうか？　答えとしては，どちらかというと単純な組織ということになる。

母音の数としては，/i a u/の3母音体系というのが，ほぼ最小と言ってよく（アラビア語や日本の琉球語がその例となる），その/a/と/i u/との間にそれぞれ/e/と/o/を加えると5母音体系となる（図4-1；詳しくは次節で）。世界の言語で最も多いのがこの5母音体系と言われるが，少ない方であることには違いない（例えばフランス語は16，英語

4）/w/は，音の配列だけで見たら共通語では子音音素と言ったほうがいいが，歴史的にも方言にも/kwa/のような形があることや，音声学的にわたり音であることから，半母音として分類している。

は20といった数字が文献に見える；加藤・安藤 2016: 14章も参照）。子音はどうかというと，パプア・ニューギニアにあるロトカス語の6子音やハワイ語の8子音ほどではないとはいえ，こちらも少なめと言っていいだろう[5]。かような次第で，少なくとも音声面に関して見るかぎり日本語は比較的単純であり，習得にも特に難しい音があるといったことはない言語と言えよう。

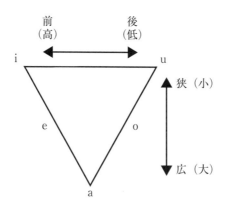

図4-1　日本語5母音体系の概念図

2. 音声

　では，日本語の音素に対して，音声面からの検討を加えよう。

　まず，母音は，柔らかくて大きな筋肉の塊である舌が前後と上下に動くことで，基本的な音色が決まる。舌の最高点が前寄りか後ろ寄りかの相違は音の基本的な高低を分け，舌の最高点が高い（ないし口むろ内が狭い）か低い（口むろ内が広い）の相違は音の響きの違いとなる。広いほどエネルギーが大きくなって響きも大きく，狭いと響きが小さくなる

5）アフリカの言語には音素の数が多いものが目立ち，中でも，南部アフリカで話されるコイサン諸語のコン語は31母音，159子音の音素をもつと報告されている（中川 1998）。

（アで大声を出すのは簡単だが，イやウで大声を出そうとしても難しい）。というわけで，日本語の5母音体系は，**前後**（音の高低［明暗］）と**広狭**（響きの大小）を組み合わせた3母音に，広狭に関して2辺の中間に1つずつを加えた体系ということになる。

　実は母音の音色を決める要因はもう1つあり，それは唇の丸め（**円唇性**）である。舌の位置によって自然になりやすい傾向があって，それによれば後ろ寄り（後舌母音［↔前舌母音］）になるほど円唇母音が多くなる。日本語の場合，そこに一点，全般的に筋肉の緊張が弱いことから生じる特徴がある。/o/は円唇母音だが，/u/は円唇性がない。それで，世界共通の発音記号を意図して作成されている**国際音声記号（IPA）**[6]で書くなら，日本語の/u/は［u］ではなく，［u］から円唇性を除いた［ɯ］で表される音に近い（調音位置も前寄りになる）。

　子音は，狭めの位置がどこにあるか（**調音位置，調音点**）と，狭めの種類や方法（**調音方法，調音様式**）との組み合わせに，調音時に声（喉頭内の声門にある声帯の振動）を伴うか否か（**有声／無声**）が加わってバリエーションができる。調音位置に関しては，後掲する**図4-2**の音声器官を見てほしいが，日本語の場合，主として関与する調音位置は，前から，①**唇**，②**歯茎**，②'**後部歯茎**，③**硬口蓋**，④**軟口蓋**，⑤**声門**，である。音のリストを書くとき，前から後ろに向かって並べることが多く，先の表記もそうなっている。調音方法については，完全な閉鎖がつくられてそれが一気に開放されるもの（**閉鎖音ないし破裂音**；例えば［p b t d k g］），わずかに気流が通過できその際に持続的な噪音が生じるもの（**摩擦音**；例えば［s z h］），前者の閉鎖から後者の状態へと移行しながら開放されるもの（**破擦音**；例えば［ts dz］），といった種類がある。口の奥にある口蓋垂と呼ばれる器官を下げて気流を鼻むろにも通すことで異なった響きとなる音は「**鼻音**」（例えば［m n］）と呼ばれる。

6）東京外国語大学が無償で提供している「東外大言語モジュール IPA 国際音声字母（記号）」で実際の音声とともに学習することができ，大変ありがたい。
http://www.coelang.tufs.ac.jp/ipa/

/r/は各言語で特色が出やすいが，日本語の場合は「弾き音」と呼ばれる [ɾ] が典型的に聞かれる。

　大体準備ができたので，具体的な注意点を見ていこう。日本語の子音は，五十音図でいうイ段に特色がある。サ行では，サスセソは [s] だが，シやシャ等は母音 [i] の調音位置に引かれて後ろ寄りになり（**図4-2の②→②'** で，調音位置が硬口蓋に近づくという意味で「**口蓋化**」と呼ばれる現象の例），IPAで [ɕ] と書かれる音になる（英語の [ʃ] に近いが，比べると口むろの形が平たいという相違がある）。タ行でも，タテトは [t] だが，チやチャ等はやはり②'の位置で調音される [tɕ] となる。タ行はウ段にも特徴があり，/i/ と同様/u/ も狭母音（↔広母音）である影響を受けて，ツは [t] ではなく [ts] となっている。[tɕ] や [ts] は音声学的に「破擦音」であって，閉鎖音（破裂音）の [t] とは明確に異なることや，外来語の「トゥ＜two」のような発音もあることから，別に破擦音素/c/を立てることが行われる。

　/c/は無声音素であるが，これが有声音になると事情が少し複雑になる。ザ行とダ行において，ジとヂ，ズとヅの音声上の区別が現代共通語では失くなってしまっていて，ジヂでは [z]～[dʑ]，ズヅでは [z]～[dz] の，どちらで発音してもかまわない。無声音素の方では，シ対チの [ɕ] 対 [tɕ]，ス対ツの [s] 対 [ts] も問題なく保たれているのに，有声音になると聞き分けが難しくなることが原因である。「四つ仮名」と呼ばれ，次章で歴史的経緯を見る。

　ハ行の子音も特徴的である。ハヘホは声門が調音位置の [h] で発音されるが，イ段のヒやヒャ等は硬口蓋音の [ç]，ウ段のフは唇音の [ɸ] となる。一方，これらには無声の摩擦音という共通性が残っている。なお，名前などをローマ字書きするとき，フの音をfで書くケースがよくあるが，音声記号としての [f] は歯を唇に当てる唇歯音と呼ばれる音

64

なので別である（これについても，関連する歴史的経緯を次章で見る）。

　以上を踏まえ，音声器官と子音の音素・音声との関係を，図示しなが
ら整理しよう（**図4-2**）。図中の番号が調音位置で，下に番号ごとに該
当する音素や一部音声をまとめる。

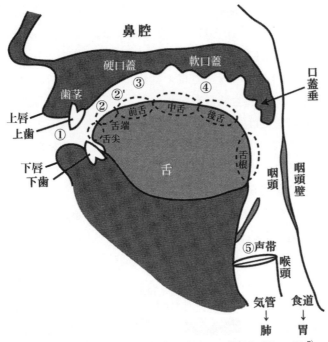

図4-2　音声器官と子音音素・音声との関係（①～⑤）[7]

①　/p b m w/; /hu/の［ɸ］

②　/t d s z n r/; /cu/の［ts］

②'　/si/の［ɕ］，/ci/の［tɕ］，/zi/の［dʑ］

③　/j/; /hi hj/の［ç］

④　/k g/

⑤　/h/

7）元の図は，佐久間・加藤・町田（2004）p.24，図3をお借りした。

3. 音素の配列

　ここまで，日本語の音素・音声を，それぞれ単独のものとして見てきた。しかし言語は音が連なって単語となり，そこではじめて意味をもつような仕組みである。したがって，それらの音がどのように連なって用いられるのかを見ないことには，日本語の仕組みを見たことにならない。

　どの言語でも，音素の配列には固有の決まりがあり，それに沿わずにでたらめに並べることは許されない。他方で，音がまとまりをなすときの集まり方には普遍的と思われる共通性があり，それは「**音節**」の概念によって捉えられている。音節の定義はいくつもあって難しいので深入りしないが，「母音を中心としてその前後に子音等の音が付いた一区切りの音声的まとまり」というくらいが緩やかな規定と言えるだろう。それを日本語に当てはめて考えた場合，母音の前に半母音と子音が1つずつ入れる枠（スロット）がそれぞれあると見ることができる。母音のスロットは必ず何かが入っていることが必要だが，前のスロットは必ずしも埋まらなくてかまわない。それによって，例えば，次のような1音節語ができる。

　/e/ 「え（絵）」
　/ja/ 「や（矢）」
　/ga/ 「が（蛾）」
　/cja/ 「ちゃ（茶）」

　これですべての形を捉えられるかというと，母音の後ろをまだ検討していなかった。日本語では，例えば英語のように，音節が普通の子音で

終わる（**閉音節**という）ことができない（英語の例：Sick in bed〔3語とも閉音節〕）ため，上の例のように母音で終わる音節が多くなるが（**開音節**という），子音で終わる語がないわけではない。それは，「ッ」や「ン」で書かれる音（各々「促音」「撥音」）が母音の後ろに来ることがあるからである。例えば，「サッ」「ニコッ」「ドン」「パタン」といった語を容易に思い浮かべることができる。これらの語の最後の音をどう解釈したらいいだろうか？　さらに，これらを思いつくと，もう1つ，母音を延ばして長くする「長音（引き音）」もあることに気づくだろう。例えば，「サーッ」は「サッ」の母音を延ばした語だし，「パーン」は「パン」の母音を延ばした語である。そう考えていくと，促音や撥音や長音に対応する音素を認める必要のあることがわかる。それらを，よく使われる記号（学問にも流派のようなものがあって，その違いによって異なる記号が使われる例も見る）と，どのような音声で発音されるかの説明とともに掲げる（その説明は本教材では省略する）。

【日本語の音素（2）（とその音声）】

/R/　長音　　（直前の母音を1拍分延長する）
/Q/　促音　　（直後の無声子音の構えを1拍分早く開始する）
/N/　撥音　　（直後の音の調音位置などを受け継いだ1拍の鼻音）

これを用いて上の例を書き表せば，

/saQ/　「サッ」
/doN/　「ドン」
/paRN/　「パーン」

といった具合になる。いずれも，母音は中央に1つあるだけだから，1音節であることに注意されたい。

3つの音素の位置関係について確認しよう。長音/R/は，直前が母音でなければならないから，位置としては母音の直後に来る。その後ろに促音/Q/と撥音/N/のいずれかが入れるスロットがある（同時に両方は入ることができない）。/R/のスロットと/Q N/のスロットは，両方が埋まってもかまわない。ここまでの話をまとめて，1つの図として日本語の音節構造を次のように示すことができる（**図4-3**）。/R//Q N/のスロットの名称などについては下で説明する。

子 音	半母音	母 音	特殊拍（モーラ音素）	
			（母音的）	（子音的）
p b m	j	i		
t d n		e		
s z r		a	R	Q
c		o		N
k g	w	u		
h				

図4-3 日本語の音素と音節構造（音素配列）

モーラ

図にはスロットが5つあり，それをすべて埋めると，例えば，「ビューッ」/bjuRQ/のような語をつくることができる。その長さを考えてみたい。例えば，「ビュッ」/bjuQ/と比べてみればわかりやすいが，前者の「ビューッ」は"1つ長い"と感じられる。さらに，「ビュッ」を「ビュ」/bju/と比べれば，「ビュッ」は「ビュ」よりやはり"1つ長い"。ここから言えることは，図で一番前から母音までの3つのスロッ

トで“1つ”，次の /R/ のスロットで“1つ”，そして最後の /Q N/ のスロットで“1つ”の，計“3つ”と感じられるユニットが存在するということである。このユニットのことを「モーラ（mora）」ないし「拍」と呼ぶ。母音の後ろに来る /R/ や /Q N/ は，それぞれ1つで1モーラ（拍）を担うことができるので，**「特殊拍」**や**「モーラ音素」**と呼ばれる。これらは，自分単独では立てない（自律的でない）が，母音並みに1モーラを担えるという性質をもっている点で，日本語独特の音素と言ってよい。

　モーラは元々，詩をつくる際の韻律に関する単位を表す用語であって，日本語のモーラも**リズム単位**として機能している。そのことが最も感じ取れるのは，五七五のようなリズムが問題になるときだろう。以下はいずれも，江戸時代を代表する俳諧師の一人である小林一茶の俳句からの例である。

　名月を　とつてくれろと　泣く子かな
　夕日影　町一ぱいの　とんぼかな
　さはつたら　手も切やせん　冬木立

　どれも五七五のリズムを刻んでいるが，掲げたどの句にもモーラ音素が含まれていることに気づかれただろうか？　1つめには「名月 /meRgecu/」「とって /toQte/」，2つめには「夕日影 /juRhikage」「町一杯 /maci iQpai」「とんぼ /toNbo/」，3つめには「触ったら /sawaQtara」「切りやせん /kirijaseN/」，と2つないし3つずつのモーラ音素が使われている。それらを1拍と数えての五七五である。

　日常言語のリズム単位としてモーラが使われているという言語は珍しく，世界的には音節がリズム単位であるのが普通だから，第二言語とし

て日本語を学習する際には，この点が習得の困難点になりやすい。音節リズムで数えるなら，これらの句はモーラ音素の数だけカウント数が減ることになる。実際に数えてみて，各々「四六五」「四六四」「四六五」のリズムに変わることがわかるだろうか？

4. アクセント

　日本語でも，モーラではなく音節をリズム単位とする方言はあるが，モーラ方言では，単語のアクセントがモーラを単位として決まっている。

　日本語のアクセントは，英語のような強弱アクセントではなく，音に高低の差をつけて区別する**高低アクセント**である。以下，ここでは共通語のアクセントを例に説明する。**共通語アクセント**には，必ず当てはまる規則が2つ知られている。すなわち，

・1モーラ目と2モーラ目の高さは必ず異なる（高低 または 低高）

・単語の中で一度下がったアクセントが再び上がることはない

というもので，その上で，

・単語にアクセントの下がり目があるか否か？

　下がり目がある場合には何モーラ目にあるか？

によって語アクセントのパターンが分かれていくことになる。仮に単語の長さを3モーラだとして考えよう。もし下がり目（**アクセント核**ともいう）が1モーラ目にあれば，1モーラ目は高く，2モーラ目から下がってそのままとなり（「頭高型」と呼ぶ），下がり目が2モーラ目にあれば，2モーラ目は高く1モーラ目は低いはずで，かつ3モーラ目は低くなる（「中高型」と呼ぶ）。そうして，単語の最後のモーラに下がり目が来る場合には，低く始まって2モーラ目から高くなったのが最後まで続いていることになる（「尾高型」と呼ぶ）。この最後のパターンと似ているよ

うに見えて異なるのがもう1つある。それは下がり目がない場合で，低く始まって2モーラ目から高くなってそのままだが，下がり目がないため下がらずに次の語（助詞など）も高いままになる（「平板型」と呼ぶ）。以上を例とともに整理しておく（便宜的に下がり目を ］で示す）。

【共通語のアクセント・パターン（3モーラ語の例）】

みかん（蜜柑）	高]低低	頭高型
たまご（卵）	低高]低	中高型
あたま（頭）	低高高]（低）	尾高型
さかな（魚）	低高高（高）	平板型

　このように，3モーラ語では，下がり目があるもの3通りと下がり目のないもの1通りで計4通りのパターンとなる。そのようにして，（説明は省略するが，）単語のモーラ数より1つ多いアクセント・パターンがある（nモーラ語ならn＋1通りのパターン）ことになる。

　アクセントとモーラの関係でいえば，アクセントの下がり目がモーラ音素の直前に来ることがあるということも，モーラがリズム単位として機能していることの証拠の1つとして重要である。例えば，「ステ]ーキ」「パ]ック」「サ]ンバ」のように，モーラ音素の直前でアクセントが落ちている。その位置は音節の途中であるため，リズム単位が音節だとしたら不自然なことになる。モーラが実質的に機能していることがわかる。

　このように，日本語は，音節構造やリズム単位としてのモーラに目立った特徴のある言語だと言うことができるだろう。

引用文献

佐久間淳一・加藤重広・町田健（2004）『言語学入門』研究社

中川裕（1998）「コイサン諸語のクリック子音の記述的枠組み」『音声研究』2（3）：
　pp. 52-62. 日本音声学会

参考文献（読書案内）

今泉敏編（2009）『言語聴覚士のための基礎知識　音声学・言語学』医学書院

加藤重広・安藤智子（2016）『基礎から学ぶ 音声学講義』研究社

5 │ 音韻史 ―音の合流を中心に―

衣畑智秀

《目標＆ポイント》 奈良時代には，万葉仮名の書き分けから，現代日本語よりも多くの音韻的区別があった。訓点資料を見ていくと，そのうちア行・ヤ行・ワ行に見られる区別は，10世紀から13世紀の間に失われたことが分かる。また，語中のハ行も11世紀にワ行に合流した。さらに，キリシタン資料ではザ行・ダ行のイ段・ウ段が区別されていたが，江戸時代には失われた。この章では，音声的な仕組みを押さえながら，これらの音韻変化について見ていく。
《キーワード》 万葉仮名，音韻，訓点資料，合流，ハ行転呼，子音の弱化，キリシタン資料，四つ仮名

1. 「音」を推測する

　古い日本語の音声はどのようにして知ることができるだろうか。たとえば，文法や語彙の研究に使われる平安時代の古典文学作品をいくら眺めても，そこで記されている言葉の音声がどのようなものであったかは分からない。

　（1）　はるはあけほの（前田本枕草子，鎌倉中期書写）

(1) は有名な『枕草子』の冒頭部分だが，我々はこれを読むとき「はる」を［haru］のように発音しているだろう。しかし，それが当時の音声であったかは分からないし，また違っていたとしても，どのような音

声であったかを知る手掛かりはここにはない。

　失われてしまった言語の音声を知ることができる大きな手掛かりの一
つは，外国語との接触にある。たとえば，1549年に伝来したキリスト
教を布教するために，宣教師は日本語を学ぶ必要があったが，その日本
語学習書は対象である日本語を，ポルトガル語の正書法で記すというも
のであった（**キリシタン資料**と呼ばれる）。そこでは「はる」は次の下
線部のように表記されている。

　(2)　<u>faru</u> ni naraba（春にならば）（天草版平家物語・巻1）

もし，この表記を額面通りに受け取れば，この当時ハ行音は［f］（上歯
を下唇に当てて出す摩擦音）であり，現在のような［h］ではなかった
ということになる。また，平仮名や片仮名が発生する以前（奈良時代）
には，中国から伝わった漢字によって日本語が記されたが，その漢字の
音仮名（漢字の音のみを利用した表記，以下**万葉仮名**と呼ぶ）によって
「はる」は以下のように表記されている。

　(3)　<u>波流</u>佐礼婆（春去れば）（万葉集818）

「波」の子音は万葉仮名が依拠したとされる中国語の原音（中古音）で
は唇を閉じる破裂音（両唇破裂音）［p］であり（藤堂編 1978），だとす
ると，「はる」は［paru］のように発音されていたことになる。

　以上のような外国語との接触から，日本語のハ行子音は［p］＞［f］＞
［h］のような変遷を辿ったと推測されるが，しかし，外国語による日本
語の表記には補正も必要である。上に推定した音声のうち，古くハ行子
音が［p］であった蓋然性は高い。清濁が同じ調音点における有声と無

声の対立だとすれば，バ行の子音である［b］（有声）の対になるのは
［p］（無声）であり，声門で摩擦を作る［h］ではない。それに対し，［p］
から［h］への過渡期に［f］を想定するのは問題がある。たとえば，よ
く知られた次のなぞなぞは，ハ行の子音が唇を狭めて摩擦させる［φ］
と考えることで，納得の行くなぞかけになるだろう。

(4) ナゾタテニ日　母ニハ二度アフテ父ニハ一度モアハズ　クチビ
　　ルトトク（体源抄，1513 年）

他のさまざまな証拠からも，ハ行子音は［p］＞［φ］＞［h］のように変化
しているとされ[1]，キリシタン資料でfを使ったのは，手持ちの駒（ポル
トガル語の正書法）に両唇摩擦音［φ］を表すものがなかったためと考
えられる。
　以上，外国語資料を中心に，それを日本語話者の内省で補いながら，
音声の歴史を推定する方法を見た。ただし，以上で見たのはあくまでも
ハ行子音の**音声**の変化であって，意味の対立に関わる**音韻**の変化ではな
い。ハ行子音が［p］＞［φ］＞［h］のように変化しても，それだけの変化
なら，他の子音との区別に変化が生じたわけではないからである。本節
では，意味の区別に関わる音の区別（音韻対立）の変化，すなわち音韻
変化について，音の合流（＝音韻的区別の喪失）を中心に見ていく。以
上見たような音声の変化は本章の直接の主題ではないが，音韻の変化を
説明するには，どのような音声であったかが手がかりを与えてくれるた
め，音韻変化の基礎をなすものと言える。

1）たとえば琉球諸方言には，日本語のハ行に対応する語の子音が全ての段で［p］
で統一されている方言が多くある。また，一部の方言では［φ］で統一されている
が，［f］で統一される方言はない（中本1990：3章2節）。

2. 奈良時代の音韻

現代日本語のいわゆる五十音には，文字が欠けていたり，音声的な区別（よって音韻的な対立）がない仮名がある。表5-1にそれを示す。

表5-1：現代日本語の「五十音」

清音										濁音・半濁音				
あ	か	さ	た	な	は	ま	や	ら	わ	が	ざ	だ	ば	ぱ
い	き	し	ち	に	ひ	み			り	ぎ	じ	ぢ	び	ぴ
う	く	す	つ	ぬ	ふ	む	ゆ		る	ぐ	ず	づ	ぶ	ぷ
え	け	せ	て	ね	へ	め			れ	げ	ぜ	で	べ	ぺ
お	こ	そ	と	の	ほ	も	よ	ろ	を	ご	ぞ	ど	ぼ	ぽ

表5-1に示した仮名は，モーラ毎の表記となるが，特殊拍（促音や撥音など）や拗音は除いている（用語は前章第3節）[2]。これを見ると，まず，清音に関しては，ヤ行のイ段・エ段，ワ行のイ段・ウ段・エ段が欠けており，ワ行のオ段には「を」という仮名があるが，ア行の「お」と音声上の区別がない。また，濁音に関しても，「じ」と「ぢ」，「ず」と「づ」には仮名の違いがあっても音声的には区別されない（前章第2節）。実は，このような音韻上の欠落は，多くが歴史的に形成されたものなのである。

上代（奈良時代）の万葉仮名を見ると，表5-1で区別されている音は奈良時代にも区別されていることが分かる。さらにそれだけではなく，上で見たような，現代日本語で音声的な区別がないものにも，区別があったと認めざるをえない証拠がある。たとえば，『古事記』『日本書紀』『万葉集』などの上代の文献でア行，ワ行のオ段に使われている万

---

2) 撥音便，促音便，イ音便，ウ音便などのいわゆる音便が発達したのは平安時代に入ってからである。その結果，日本語は閉音節や，母音連続から発達した長母音を持つようになった。これも日本語音韻史の重要なトピックであるが，紙幅の関係上，ここでは扱わない。これらについてはまず，奥村（1977），高山（2016）など音韻史の概説に当たられたい。

葉仮名を整理すると,「意,於,隠,飫,淤,憶,応」が使われる語と,「乎,袁,遠,曰,烏,怨,呼,嗚,塢,弘,惋」が使われる語の区別があることが分かる(『時代別国語大辞典上代編』)。たとえば,「音」「奥」「思ふ」などには前者が,「岡」「惜し」「終はる」などには後者が使われ,もう一方が使われることはない。また,前者が使われれば物体の位置変化を表し,後者が使われれば人を呼ぶ意味になる,次のようなミニマルペア(最小対とも言い,一つの音素のみを置き換えて異なる意味になる単語のペア)も見つけることができる(以下,『万葉集』の例は括弧内に原文の表記を示す)。

(5) a. 秋去れば 置く(於久)露霜に(万葉3699)
    b. 君にしあらねば 招く(遠久)人もなし(万葉3901)

このように「意,於,隠…」の系列と「乎,袁,遠…」の系列を入れ替えることで意味の違いが示せるため,これらは音韻的に対立していると言える。

　以上のような仮名の違いが,現代日本語のような「お」と「を」の表記上の相違でしかないと考えるのは難しい。なぜなら,それぞれの仮名を用いる語が複雑である上に,この表記の区別が作者が異なる複数の文献で保たれているからである。よって,このような表記は(作者に漢字音の知識があるのはもちろん)元の日本語に音声上の区別がないと実現しないものであろう。前者「意,於,隠…」の中国語中古音には唇の丸め(円唇性)がなく,後者「乎,袁,烏…」には凡そ円唇性が認められるため,この違いはア行の/o/とワ行の/wo/の音韻的対立を表していると考えられる。

　以上と全く並行的な違いが,ア行とワ行のイ段,ア行とヤ行とワ行の

エ段にも認められる。ア行のイ段と推定される音節には「伊，夷，怡，以…」などの万葉仮名が用いられ，ワ行のイ段と推定される音節には「韋，為，位，威…」などの万葉仮名が用いられる。次はそのミニマルペアであり，ア行の仮名ならば弓を「射る」，ワ行の仮名ならばある場所に「居る」という意味になる。

(6)　a．射_{由美以留}（和名抄十巻本）
　　　b．阿倍の田面に　居る（為流）鶴の（万葉3523）

エ段についてはミニマルペアを見つけるのは難しいが，榎の意味の「え」はア行（「衣，愛，依，亜…」），枝の意味の「え」はヤ行（「叡，延，曳，遙…」），絵画の意味の「ゑ」はワ行（「恵，廻，慧，衛…」）といった区別がある。

　以上，清音の書き分けについて整理したことを踏まえると，上代語には，現代語の区別に加え，ア行，ヤ行，ワ行に以下のような区別があったことになる（それぞれ推定される音声の簡易表記で示す）。

表5-2：ア行・ヤ行・ワ行

	ア段	イ段	ウ段	エ段	オ段
ア行	a	i	u	e	o
ヤ行	ja		ju	je	jo
ワ行	wa	wi		we	wo

　以上のような区別に対し，ヤ行のイ段やワ行のウ段は，ア行と区別されるような万葉仮名の書き分けが認められない。そのことは，ヤ行やワ行の子音の音声を考えてみれば，理屈の上でも納得が行くだろう。これ

らの子音は半母音と言われ, [j] は前舌を硬口蓋に近づける音で母音 [i] に, [w] は両唇および後舌と軟口蓋を近づける音で母音 [u] に極めて近い音声になる。よって, [ji] や [wu] のように発音をしても, それはほとんど [i], [u] と聞き分けるのが困難だろう。このようなア行との音声上の区別が難しいヤ行イ段, ワ行ウ段を除くと, 上代語の清音は極めて体系的に揃っていたと言うことができる。

　同様の体系性は濁音においても認められる。上述したように, 現代日本語ではザ行・ダ行のイ段, 同ウ段はそれぞれ音声上の区別を持たないが, 上代語では次のようなミニマルペアを見つけることができる。

(7)　a．はじ（<u>波自</u>）弓を　手握り持たし（万葉4465）
　　　b．<u>辱</u>忍び　<u>辱</u>を黙して（万葉3795）

(8)　a．高円の　野辺延ふ葛（<u>久受</u>）の（万葉4508）
　　　b．金屑…_{古加祢乃須利<u>久豆</u>}（和名抄十巻本）

(7a)「波自」の「自」はザ行の音仮名（他に「士, 慈, 尽…」）で, ここの「はじ」はハゼの木の古名である。一方, (7b) の「辱」は動詞「恥づ」の連用形であるため, ダ行であると推定される（万葉仮名なら「遅, 治, 地, 泥…」などが使われる）。(8) は, 「受」のようなザ行の仮名（他に「授, 聚, 殊…」）ならば植物の種類, 「豆」のようにダ行の仮名（他に「頭, 逗, 図…」）ならば残りかすの意味になる。この濁音の区別からも, 上代語が現代日本語にはない体系性を持っていたことが分かる[3]。

---

3) 実はここで見たような仮名の区別は, 表5-1の欠落部分だけではなく, キ, ギ, ケ, ゲ, コ, ゴ, ソ, ゾ, ト, ド, ノ, ヒ, ビ, ヘ, ベ, ミ, メ, モ, ヨ, ロのそれぞれにも認められる。たとえば, 錐には「支利」のように「支, 吉, 岐…」系統の仮名が, 霧には「奇里」のように「貴, 紀, 奇…」系統の仮名が使われ, 混在することがない。この書き分けは江戸時代に石塚龍麿『仮名遣奥山路』によって上代文献に広く実証され, 後に上代特殊仮名遣と呼ばれるが, 平安時代にはコの書き分けが『新撰字鏡』など一部の資料に残るのみで他は見られなくなる（橋本 1980）。

3. 音の合流

3.1 ア行・ヤ行・ワ行

　平安時代に入ると，漢字による万葉仮名が書き崩され平仮名が生まれた（第3章）。平仮名においてもア行とワ行のオ段は例えば「お」と「を」，同じくイ段は「い」と「ゐ」のように書き分けられた。また，ワ行のエ段は「ゑ」だが，現代仮名遣いにおいて，ア行とヤ行の区別はない。しかし，ふるくはア行には「衣」（「え」）が，ヤ行には「江」が書き崩されるといった区別があったらしいことが『青谿書屋本土佐日記』などから知られる。また，900年ごろに成立したとされる「あめつち」は，手習歌という性質上仮名を重複なく網羅したものだが，「え」は二回登場し，ア行とヤ行の区別があった証拠とされる（榎がア行，枝がヤ行）。

(9) あめ（天）つち（土）ほし（星）そら（空）やま（山）かは（川）みね（峰）たに（谷）くも（雲）きり（霧）むろ（室）こけ（苔）ひと（人）いぬ（犬）うへ（上）すゑ（末）ゆわ（硫黄）さる（猿）おふせよ（生ふせよ）えのえを（榎の枝を）なれゐて（馴れ居て）（『源順集』より）

しかし，その後の手習歌や五十音には「え」が二回現れることはない。

(10) たゐにいて（田居にい出）なつむわれをそ（菜摘む我をぞ）きみめすと（君召すと）あさりおひゆく（求食追ひ行く）やましろの（山城の）うちゑへるこら（打酔へる子ら）もはほせよ（藻葉干せよ）えふねかけぬ（え舟繋けぬ）（「たゐに」『口遊』970年より）

このように，ア行とヤ行のエ段の区別は，遅くとも10世紀のうちには失われたようである。

　ア行とヤ行の区別は，以上のような手習歌を見ることでも分かるが，ア行とワ行については，手習歌を見てもその区別が失われた時期が分からない。それは，一旦「い」「ゐ」，「え」「ゑ」，「お」「を」のような仮名ができてしまえば，音韻的な対立がなくても，仮名自体は後代まで使われるからである。そこで，これらの区別が失われた時期を知るには，これらが語ごとに適切に使い分けられているかを見なければならない。

　一般に，ア行の「お」とワ行の「を」の用法に混乱が見られるようになるのは，11世紀ごろからとされる。大矢（1969）における「お」と「を」の混用例を拾っていくと，以下のような例が11世紀の**訓点資料**（第3章参照）には見られる（経典名は省略し加点の年代のみ記す）。

(11) a. 収 治 （オサメ オサム）　　　　　　　　　　　　1002年
　　 b. 導 （オシフル）　　　　　　　　　　　　　　　　1058年
　　 c. 竟 押 （オハレ ヲセ）　　　　　　　　　　　　　1095年

また，築島（1987）では，高山寺に蔵される『大日経疏』という経典の1082年に付けられた訓点では誤用が42例中6例あるのに対し，1105年の訓点では誤用が112例中28例に増え，12世紀にはワ行の仮名のみを使う訓点資料も現れるとしている。これらの誤用は，「お」と「を」の音声的区別がなくなったために，どの語にどちらの文字を使うかが分からず混乱しているためと解釈できる。また，竹田（1933）によると，『悉曇要集記』という梵字の研究書の末尾には五十音が示されているが，そこには「ヲ」は現れるが「オ」は現れない。

(12) 同韻者　アカサタナハマヤラワ—韻　イキシチニヒミリ<u>ヰ</u>—韻　ウ
クスツヌフムユル—韻　<u>ヲ</u>コソトノホモヨロ—韻　エケセテネヘメ
レ<u>ヱ</u>—韻（能満本）

作者寛知は，1111 年に没しており，これも 11 世紀には「お」と「を」
の音声的区別がなくなっていたためであるとされる[4]。

　このようなア行とワ行の合流は，13 世紀にはいると，イ段・エ段に
も及んだ。これらの合流に先だって，次に述べるハ行転呼が起こったた
め事情が複雑だが，これも訓点資料の混用を見ることで同じように実証
することができる。次の例はそれぞれ，本来「マ<u>ヰ</u>ラス」「ク<u>イ</u>」「<u>ヱ</u>ヒ」
「<u>ヱ</u>ラム」と書かれるべきものである。

(13) a．マイラス_参　　　　　　　　　　　　　　　　1238 年
　　 b．悔^{クヰ} 醉^{エイ}　　　　　　　　　　　　　　　1314 年
　　 c．簡^{エラム}　　　　　　　　　　　　　　　　　　1270 年

　以上を要すると，ア行とワ行の合流に関しては，まずオ段が先に合流
した後，イ段・エ段が合流したことになる。これは，ワ行の子音と母音
の近さが関係しているだろう。ワ行の子音 [w] は円唇性を持ち，後舌
が軟口蓋に向かう音である。この音は，[u] に極めて近いことを先に 2
節で述べたが，[u] の次に近いのが後舌が盛り上がる [o] であり，や
や遠いのが前舌が硬口蓋に接近する [i] や [e] であると言える。そし
て，最も遠いのが円唇性を全く持たず，口を大きく開ける [a] である。
よって，ウ段は元々区別がなく，紛れやすい順にオ段，イ段・エ段が失

4) ここで見ているような仮名の区別についても和文資料を用いて実証するのは難
しい。和文資料のほとんどは，書かれた当時の原典が残っていないためである。た
とえば前田本『枕草子』（13 世紀書写）に「ひかりてゆくも<u>お</u>かし　あめなとのふ
るさへ<u>を</u>かし」という明らかな「お」と「を」の混用があるが，これは清少納言本
人が誤ったのか，前田家本の書写者が誤ったのか，それともその間の誰かが誤った
のかが分からないのである。

われ，現代でもア段の区別が保たれていると解釈できる（築島 1987：131）。また，ア行とヤ行においても，エ段が失われたのは前舌が硬口蓋に向かう [e] が [i] の次に子音 [j] に近いためであり，後舌母音ではまだア行との区別が保たれていると言えよう[5]。

3.2　ハ行転呼

1節では，ハ行音の音声が [p]＞[ɸ]＞[h] のように変化していることを見た。しかし，ハ行音はこのような音声変化だけではなく，意味的な対立に関わる音韻変化も起こしている。それがこの節で見るハ行転呼である。ハ行転呼とは，語中におけるハ行音のワ行音への合流のことであり，訓点資料などに11世紀ごろから増え始めることが知られている。大矢（1969）からは，11世紀半ばまでの例として，次のようなものがある。それぞれ本来なら「ウルハシキ」「カホ」「モチヰル」「ユヱ」「ツヒエタラム」とあるべきで，ハ行とワ行の混同が見られる。

(14) a. 髪彩（ウルワシキ）　　　　　　　平安初期
b. 顔（カヲ）　　　　　　　　　　　1002 年
c. 須（モチヒル）　　　　　　　　　1020 年
d. 所以（ユヘ）　　　　　　　　　　1058 年
e. 自蔽（ツキエタラム）　　　　　　1078 年

また『御堂関白記』（古写本，平安後期）には，不憫だという意味の「いとほし」を「糸惜」と表記した例がある（長和4（1015）年4月4日の記事）。「惜し」自体は「をし」であり，これもハ行転呼の早い例と見なすことができる（築島 1987）。

---

5) ここでは音韻的な合流についてのみ触れ，合流した音声の実質については述べていない。一般に，合流の結果，イ段は [i]，エ段は [je]，オ段は [wo] という音になったとされ，キリシタン資料などで確かめることができる。現代東京方言のようにそれぞれが [i] [e] [o] となるのは江戸時代に入ってからである。

　では，ハ行転呼は，先に見たハ行の音声変化とどのように関わるのだろうか。ワ行の子音は2節で見たように円唇性を持っていたと考えられ，その点で唇で調音する [p] や [ɸ] と共通する。しかし，閉鎖の強い [p] が突然 [w] に緩むとは考えにくく，それ以前にハ行音は摩擦音 [ɸ] に変化していただろう。とすると，語中のハ行音は [p]＞[ɸ]＞[w] というように**子音の弱化**（閉鎖が緩んでいく変化）を起こしたと考えられる[6]。一般に，子音の弱化は語頭よりも，母音に挟まれる語中で起こりやすく（「馬鹿」と「河馬」の/b/，「崖」と「怪我」の/g/などを比較），ハ行転呼が語中でのみ起こったことも自然に説明できる。

　一方，ハ行音による語の弁別的機能について言えば，これもハ行転呼が語中で起こった変化であることに注意すべきである。逆に，3.1節で見たア行とヤ行・ワ行の合流は，古代語においてア行が語頭にしかたたなかったため，語頭においてのみ起こった変化である。よって，語頭においては主にア行とワ行（ヤ行のエ段は元々少なかった），語中においてはハ行とワ行といったように，大凡二つの行の合流に留まるのである。以上のような事情から，現代語では（漢語・外来語を除き）語中でハ行音が使われることは原則なくなり，「あは（淡）」と「あわ（泡）」のように対立が失われたものもあるが，そのような例は少数に留まるようである。

3.3　四つ仮名の混同

　奈良時代には，ザ行とダ行のイ段，ザ行とダ行のウ段もそれぞれ書き分けられていた。また，平安時代以降も，濁音を記さない，もしくは清音に濁点を付すという性質上，仮名の上では「じ」「ぢ」「ず」「づ」の区

6）なお，この過程には，[ɸ]＞[w] の間に有声化も起こったことになるが，清濁の対立を鼻音要素の有無とし，語中の清音（ハ行音）は有声で実現していた（よって [p]＞[ɸ]＞[w] ではなく [b]＞[β]＞[w] という変化であった）という考えもある（[β] は有声両唇摩擦音，高山 2012：4章など参照）。有声音の方が弱化を起こしやすいことを考えると（3.3節），この想定はハ行転呼が起こりやすい条件が語中にあったことをさらに示していると言える。

別があった。このような仮名遣いもしくはその音声上の区別のことを**四つ仮名**と呼ぶ。これらの仮名の混乱は，16世紀の間に起こったようであるが（大友 1963），16世紀末のキリシタン資料では，ザ行のジはji（Faji「櫨」），ダ行のヂはgi（Fagi「恥」）で書き分けられ，同じくザ行のズはzu（Cuzu「葛」），ダ行のヅはzzu（Cuzzu「屑」）で書き分けられている（例はいずれも『日葡辞書』より）。

　キリシタン資料は，日本語学習者のために，ある程度規範的に書かれたものと見られるが，一般の人々の間では，さらにこの四つ仮名に関しては混乱があったようである。イエズス会の司祭で通訳としても活躍したジョアン・ロドリゲス（1561–1633）は，当時の京都地方の四つ仮名について，次のように記している。

(15) ‘都’（Miyaco）の言葉遣いが最もすぐれてゐて言葉も発音法もそれを真似るべきであるけれども，‘都’（Miyaco）の人々も，ある種の音節を発音するのに少しの欠点を持ってゐることは免れない。〇Gi（ヂ）の代りにIi（ジ）と発音し，又反対にGi（ヂ）と言ふべきところをIi（ジ）といふのが普通である。例へば，Fonji（本寺）の代りにFongi（ほんぢ），【中略】Giquini（直に）の代りにIiquini（じきに）といふ。【中略】又Zu（ズ）の音節の代りにDzu（ヅ）を発音し，又反対にDzu（ヅ）の代りにZu（ズ）といふ。例へば，Midzu（水）の代りにMizu（水），Mairazu（参らず）の代りにMairadzu（参らづ）といふ。立派に発音する人もいくらかあるであらうが一般にはこの通りである。（『日本大文典』p.698）

　17世紀の末には，この四つ仮名の乱れを正すための辞書『蜆<ruby>縮<rt>けんしゅくりょう</rt></ruby>涼

鼓集』も編まれた。この書名は，四つ仮名とその清音を含んで韻を踏む四つの語「しじみ」「ちぢみ」「すずみ」「つづみ」を並べたもので，四つ仮名表記を含む語約6000語をいろは順に配している。また，その序文では，地方による四つ仮名区別の差についても触れ，都人がこの区別ができないことを嘆いている。

(16) 京都・中国・坂東・北国等の人に逢ひて其音韻を聞くにすべて四音の分弁なきがごとし。ただ，筑紫方のことばを聞くにおおかた明らかに言ひ分くるなり。【中略】誠に端・箸・橋などとて音声の高低自由なる都人のこの四つの音ばかりを言ひ得ざらん事は最も口惜しきなり。

この四つ仮名混同の背景には，ダ行音イ段・ウ段の破擦音化が大きな要因としてある。ダ行音は，万葉仮名で使われる漢字の中国音から歯茎で破裂させる音であり，イ段・ウ段も［di］［du］のように発音されていたと考えられるが，16世紀からこれらの音が摩擦を伴う破擦音［dzi］［dzu］のように変化したことが外国語資料などから知られている（大友1963)[7]。このような破擦音化によって，ザ行の摩擦音［zi］［zu］と音声的に近接し，混同が起こったと言える。ではこのような破擦音化が，なぜイ段・ウ段にだけ起こったかというと，それはこれらが母音の中では最も舌が口蓋に接近して調音される狭母音だからだろう。［i］［u］の発音では舌が口蓋に近い位置で保たれるため，摩擦が起こりやすかったのだと思われる。このことは破擦音化が「ち」「つ」といった清音でも起こっていることからも支持される。しかし，清音の場合は破擦音化が起こっても，「ち」「つ」が摩擦音の「し」「す」と混同されることはなかった。一般に，無声音よりも有声音の方が閉鎖が緩みやすく（子音の弱

---

7) イ段の音は，キリシタン資料でzではなくgやjで表記され，［dzi］［zi］のように硬口蓋化していたと考えられるが，ここではそれを考慮せずに表記している。

化），現代日本語でも有声の破裂音 /b/，/g/ は特に母音間で摩擦音の異音を持つ（例えば「河馬」[kaba]〜[kaβa] の /b/ など）[8]。このような子音の弱化によって，有声の破擦音となった /dzi/，/dzu/ が [zi]，[zu] と発音されやすく（たとえば語頭の [dzaru]「笊」と語中の [aza]「痣」を比較），破擦音と摩擦音が合流していったのだろう。

4. さいごに

　本章では，現代日本語で対立が欠けている，ア行とワ行のイ段・オ段，ア行とワ行とヤ行のエ段，ザ行とダ行のイ段・ウ段について，それらの対立が奈良時代には見られたことを確認した後，それらがいつごろどのような過程を経て合流して行ったのかを見てきた。このように，音の合流は日本語史に頻繁に起きた変化であり，他にも [au] から発生した長音と [ou][oo][eu] から発生した長音がかつては区別されていたが，現在は同じオ段長音 [oː] に合流しているといった変化もある。

　それではなぜ，対立する音は合流して減っていくのだろうか。また逆に，一つの音が二つの音に分かれ，区別できる音（音韻的対立）が増えることはないのだろうか。これは，言葉がコミュニティの中で使われる伝達の道具であるという点を考えてみれば，答えることができる。音が合流するというのは，誰もが簡単に理解できる単純な変化である。たとえば，明日から，現代日本語の /o/ を /u/ に合流させようと思えば，誰もが間違いなく，合流した音を使うことができる。これまで [o] と発音していたものを [u] とすれば良いのである。ところが，音を分岐させるというのは至難の業である。たとえば今の /o/ を半広母音の /ɔ/ と半狭母音の /o/ に分けたとしよう。では，「男」はどのように発音すればよいのだろうか。[ɔtɔkɔ] だろうか？ [otoko] だろうか？　それとも [ɔtokɔ]，[otokɔ]，[otɔkɔ]，[otokɔ]，[otɔko]，[ɔtoko] のどれだろうか？

8) これは，有声音が声帯を振動させるために，声門の上の気圧の上昇を抑える必要があるためである。気圧を抑えるためには，口から空気を逃がすのが効率的で，閉鎖が緩みやすい。

これをコミュニティの成員が，全ての語について間違うことなく使い始めるのは不可能だろう。このような理由で，音が合流するのは自然な変化であるのに対し，分岐することは（頭子音の違いなどの条件がなければ）できないのである。その意味で，これまで見てきた音の合流は，極めて自然な歴史変化だったと言うことができるだろう。

用例出典

万葉集（新編日本古典文学全集），枕草子（尊經閣叢刊『前田本枕草子』），天草版平家物語（『天草版平家物語対照本文及び総索引』明治書院），日葡辞書（土井忠生他訳『邦訳日葡辞書』岩波書店），体源抄（日本古典全集），和名抄（『和名類聚抄古写本・声点本文および索引』風間書房），源順集（『西本願寺本三十六人集精成』風間書房），口遊（『資料日本語史』おうふう），御堂関白記（大日本古記録），日本大文典（土井忠生訳，三省堂），蜆縮涼鼓集（駒澤大学国語研究資料）

参考文献

大矢透（1969）『仮名遣及仮名字体沿革史料』（複製版）勉誠出版

大友信一（1963）『室町時代の国語音声の研究』至文堂

奥村三雄（1977）「音韻の変遷（2）」『岩波講座日本語5シリーズ音韻』岩波書店，pp. 221-252.

高山倫明（2012）『日本語音韻史の研究』ひつじ書房

高山倫明（2016）「音韻史」高山倫明他『シリーズ日本語史1音韻史』岩波書店，pp. 37-68.

竹田鉄仙（1933）「悉曇要集記の奥文」『東洋学研究』駒澤大学東洋学会3：57-70.

築島裕（1987）『平安時代の国語』東京堂出版

藤堂明保編（1978）『学研漢和大字典』学習研究社

中本正智（1990）『日本列島言語史の研究』大修館書店

橋本進吉（1980）『古代国語の音韻に就いて』岩波文庫

6 | 語彙 ―意味のネットワークと位相―

石黒　圭

《目標＆ポイント》
目標：現代日本語の語彙体系を理解する。
ポイント：類語（類義語・上位語・下位語・対義語）とその使い分け，実際
の運用における意味の問題を学ぶ。
《キーワード》　類義語，上位語，下位語，対義語，位相語，内包，外延

1. 語とは何か

　語は，固有の意味を持ち，独立して発話しうる最小の要素であり，一
般には**単語**とも呼ばれる。語は，実質的な意味を担う**実質語**と文法的な
機能を担う**機能語**に分かれるが，語という言葉で想起されるのは，名
詞・動詞・形容詞などの実質語であろう。そこで，本章も実質語につい
て検討を行う。

　語を考えるうえで重要なのが意味である。しかし，意味は捉えどころ
がない。5節で詳しく述べるように，語の意味というものを，細かい意
味特徴の束として考える立場や，典型的な意味とその距離で考える立場
などがあるが，ここでは「近代言語学の父」と称されるスイスの言語学
者フェルディナン・ド・ソシュールの唱えた**差異**をもとに考える。

　ソシュールは，語が積極的に何らかの意味を表すとは考えず，ほかの
語との差異で意味が決まると考える。たとえば，「かぼす」はこれが
「かぼす」だと言えるようなものがあるわけではなく，同じ柑橘類の

「すだち」「ゆず」「レモン」「ライム」などとの違いによって「かぼす」であることが決まる。「かぼす」という実体が存在するわけではないため，「すだち」や「ゆず」という言葉がなく，「すだち」や「ゆず」も含めて「かぼす」と呼ぶ習慣があれば，「すだち」や「ゆず」も「レモン」や「ライム」と違うということで「かぼす」になる。事実，私たちは，類似するものとの区別のなかである語の意味の範囲を決めている。つまり，「○○」は「○○」だから「○○」なのではなく，類似する「××」や「△△」ではないことにより「○○」は「○○」なのである。

　私たちがそうして語を選んで使っているとすると，問題になるのが**語彙**である。語彙とは語の集合であるが，頭のなかの語彙は単なる語の集合ではなく，**ネットワーク**をなしていると考えられる。つまり，「かぼす」「すだち」「ゆず」「レモン」「ライム」は脳内で関係を持って存在しており，それらは「はっさく」「夏みかん」「オレンジ」「グレープフルーツ」や柑橘類，他の果物や野菜と結びつけて考えることもできる。語彙は体系をなしているのである。そうしたネットワークとしての語彙の体系を明らかにすることが，語彙研究を行う意義である。

2. ネットワークとしての語彙

類義語・上位語・下位語

　私たちはものに囲まれて生きている。私たちを囲んでいるものを私たちは言葉で整理している。私たちに身近な食器を例に取ってみたい。

　「碗」というものがある。日常生活では「お碗」と「お」をつけて呼ばれ，漢字は「碗」「椀」「鋺」の三つがあり，陶磁器製には「碗」，木製のものには「椀」，金属製のものには「鋺」が使われる。

　「碗」に似たものには何があるだろうか。大型の「碗」である「丼」，主菜・副菜を盛りつける「鉢」，深さが浅い「鉢」である「皿」などが

　考えられる。「丼」「鉢」「皿」は，「碗」と似たものを指していることから，「碗」の**類義語**と呼ばれる。

　「碗」「丼」「鉢」「皿」に共通している点は何だろうか。それは，和食を食べるときに使う器，つまり，「和食器」であるということである。「和食器」は「碗」「丼」「鉢」「皿」といった類義語を含むことから，これら4語の**上位語**になる。さらに，「和食器」の上位語は「食器」になる。「食器」は「和食器」の類義語である「洋食器」「中華食器」などを含む上位の概念になるからである。

　一方，「碗」の下位の概念を表す**下位語**にはどのようなものがあるだろうか。「碗」には，お茶を入れる「茶碗」，ご飯をよそう「飯碗」，汁物を入れる「汁椀」，煮物などを入れる「盛碗」がある。これらが「碗」の下位語に当たる。さらに，「茶碗」の下位語には，抹茶を入れる「抹茶茶碗」，煎茶を入れる「煎茶茶碗」，お湯を入れる「湯呑み茶碗」などが考えられる。

　以上を図に表すと次のようになる。

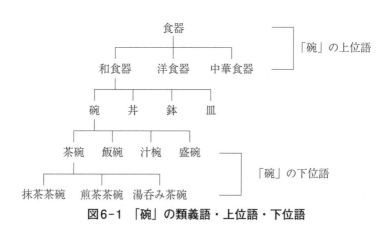

図6-1　「碗」の類義語・上位語・下位語

対義語

　類義語は意味の類似性に着目したものであるが，意味の相違性に着目したものもある。それが**対義語**で，対立する意味の語がペアになったものである。一口に対義語と言っても，対義性の強いものと弱いものがある。対義性の強いものは，一方でなければかならずもう一方になるというもので，「生」と「死」，「表」と「裏」，「国内」と「国外／海外」，「平日」と「休日」などが考えられる。これにたいし，「姉」と「妹」，「晴れ」と「雨」，「主食」と「副食」，「立つ」と「座る」のように，かならずしも一方の否定がもう一方にならないものもある。「一人っ子」「曇り」「デザート」「寝る」のような場合も考えられるからである。

　また，形容詞の対義語も特殊で，一方でなければかならずもう一方というものでなく，相対的な程度の差を表す。「長い」と「短い」，「重い」と「軽い」，「明るい」と「暗い」などがある。なお，「高い」と「低い」，「高い」と「安い」や，「甘い」と「辛い」，「甘い」と「厳しい」のように，もともとの形容詞が多義であると，複数の対義語が想定されることもあり，注意が必要になる。

　気をつけたいのが，対義語は類義語とじつは近い性格を持っているということである。たとえば，「姉」と「妹」で言えば，一見対立しているように見えても，対立しているのは年齢が上か下かという問題だけで，同じ親から生まれた子という点でも，性別が女であるという点でも共通している。つまり，類義語のなかで1点，目立った違いがあればそれは対義語に見えてくるわけである。たとえば，「アパート」と「マンション」は集合住宅であるという点で類義語に見えるが，せいぜい2階建てか3階建てのきゃしゃな作りの「アパート」と，高層階も可能な丈夫な作りである「マンション」とは作りが違うわけで，そこに注目すれば対義語に見えてくる。「勉強」と「研究」も学ぶという点では同じだ

が，与えられた課題を教わる「勉強」と，自ら課題を選んで自律的に学ぶ「研究」と考えると，類義語ではなく対義語に見えてくるから不思議である。したがって，この章では，類義語・上位語・下位語・対義語をすべてまとめて，類語と呼んでおくことにしたい。

3. 類語の使い分け

「与える」意味の類語の使い分け

　私たちの頭のなかには辞書があると考えられる。ただ，その辞書は国語辞典のようではなく，類語辞典のようになっていると想定される。国語辞典は五十音順に並んでいるが，類語辞典は意味の似たもの順に並んでいる。もし私たちの頭のなかの辞書が五十音順に並んでいたら，しりとりというゲームがつまらなくなってしまうだろう。私たちが実際に言葉を選ぶときは，文脈の流れのなかで意味から考えて言葉を選んできていると思われる。そうした言葉の選び方である類語の使い分けにその人の語彙力が現れる。

　たとえば，誰かに何かをあげることを示す「提供」「支給」はどのように使い分けられているだろうか。「情報の〜」「サービスの〜」とくれば「提供」，「交通費の〜」「児童手当の〜」とくれば「支給」だろう。同じ与えるでも，「提供」は相手にとって役に立つ物事を与えること，「支給」は約束されている金銭を与えることという違いがありそうである。

　また，「配給」「発給」も与えるという意味であるが，結びつく範囲はかなり狭く，「配給」の場合は「食料の配給」「日用品の配給」のように，戦争や災害で生活に必要な物資が極端に不足している状況で物資を無料で平等に配ること，「発給」の場合は「旅券の発給」「査証の発給」のようにパスポートやビザなど，出入国に関わる書類の発行に限られる。

　「給付」と「還付」の違いもよく問題になる。「給付」は資格を満たしている人に金銭が支払われること，「還付」は一度支払ったお金が戻ってくることである。そのため，「給付」は年金や保険金と結びつくことが多いのにたいし，「還付」は税金，とくに確定申告と結びつきやすいのが特徴である。

「始まる」意味の類語の使い分け

　類語の使い分けについてもう少し考えてみよう。類語の使い分けのコツは語の組み合わせの相性と漢字の選び方にある。次の①〜⑥に入る「開〜」で始まる二字漢語を考えて見てほしい。

　①コンサート〔　　　〕10分前にはアナウンスがある。
　②駐車場は遊園地の〔　　　〕1時間半前から利用可能だ。
　③北海道新幹線は2016年に〔　　　〕した。
　④ショッピングセンターが9月に〔　　　〕した。
　⑤2019年にフジテレビが〔　　　〕60周年を迎えた。
　⑥投資を始めるためオンライン口座を〔　　　〕した。

　いずれも，始まるという意味を持つが，組み合わさる名詞との相性によって言葉が変わる。①はコンサートであるから，「開演」がよいだろう。コンサートは演奏だからである。②は遊園地なので「開園」，③は北海道新幹線という鉄道であるから，「開通」がよいだろう。線路が通ったからである。また，営業が始まるという意味で「開業」という考え方もあるかもしれない。④はショッピングセンター，すなわち店であるから，「開店」がよいだろう。また，ショッピングセンターは巨大なショッピングタウンであるから，③と同様に，営業開始の「開業」とい

う選択もありうる。⑤はフジテレビという放送局であるから,「開局」が適切である。⑥は銀行口座を設定することから,「開設」という言葉がふさわしいと思われる。

　このように,類語を使い分けるためには,語の持つ意味を考えて適切な漢字に置き換え,前後の連語の組み合わせを考えて語を選択する必要がある。

4. 語の位相

話し手の属性と役割語

　話し方,すなわち「どう話すか」は「誰が誰に何を用いて何について話すか」によって影響を受けるものである。「誰が」という話し手の属性,「誰に」という聞き手との人間関係,「何を用いて」というコミュニケーションの媒体,「何について」という話の内容は位相と呼ばれ,それぞれの特性によって**位相語**と呼ばれる特徴的な語群を形成する。

　「誰が」という話し手の属性は,地域的な区別による方言を除くと,性別による区別である男性語・女性語,世代による区別である幼児語・若者語・老人語がよく知られている。

　男性語と女性語は一般に思われているほど,性差による区別は大きくない。たしかに,「ぼく」「おれ」を男性が好み,「あたし」「うち」を女性が好む傾向はあるが,公的な場では男性も女性も「わたし」を使うことが多い。また,文末の終助詞「ぞ」「のだ」「だろ」などは男性語,「わ」「のね」「かしら」などは女性語と認識されやすいが,かならずしも一方が高頻度で使うわけではない。むしろ,実際にはあまり使われていないが,その言葉を使うと特定の人物像を喚起する言葉遣い,金水(2003)の指摘する役割語になっている。こうした言葉遣いは小説,アニメ,ドラマなど,フィクションの世界でよく見られる。次の例は太宰

治の『人間失格』からの引用であるが，どちらのセリフが男性・女性で
あるか，すぐにわかるようになっている。

　　　「いけないわ，毎日，お昼から，酔っていらっしゃる」
　　　「なぜ，いけないんだ。どうして悪いんだ。あるだけの酒をのん
　　で，人の子よ，憎悪を消せ消せ消せ，ってね，むかしペルシャの
　　ね，まあよそう，悲しみ疲れたるハートに希望を持ち来すは，ただ
　　微醺をもたらす玉杯なれ，ってね。わかるかい」
　　　「わからない」
　　　「この野郎。キスしてやるぞ」
　　　「してよ」

　幼児語・若者語・老人語のうち，老人語もこうした役割語である。
「わしの若いころの話でもしようかのう」というと，あたかも老人が話
しているかのような印象を受けるが，現実の世界で「わし」という一人
称と「かのう」という文末表現を使いこなす老人とお目にかかることは
ほとんどないと思われる。

幼児語と育児語

　一方，幼児語は，男性語・女性語・老人語とは異なり，実体を伴うも
のである。ここでは，幼児語の特徴として四つ挙げておく。
　一つ目は，発音しやすい語が用いられるということである。おじい
ちゃん，おばあちゃんが「じいじ」「ばあば」になり，ご飯のことを「ま
んま」，水のことを「ぶぶ」，靴のことを「くっく」，寝ることを「ねん
ね」などと呼んだりするのがその例である。
　二つ目は，「お」がつく美化語が多いことである。身体部位に「お」

がつくことが多く，「お口」「おめめ」「お鼻」「お耳」「おのど」「おてて」「おへそ」「おひざ」となる。もちろん，身体部位以外でも，「お外」「お砂場」「お椅子」「おみかん」「お熱」「お空」など，「お」のつく名詞が見られる。

　三つ目は，擬人化を好むということである。とくに動物に「さん」がつくことが多く，「うしさん」「うさぎさん」「くまさん」「こぶたさん」「きつねさん」「おうまさん」などがよく聞かれる。「お月さま」「お日さま」「お星さま」「お天道さま」のような天体や，「おまめさん」「おいもさん」「おあげさん」「おいなりさん」のような食べ物にも使われる。

　四つ目は，オノマトペである。「自動車」を「ブーブー」と呼んだり，「犬」を「ワンワン」と呼んだりして，オノマトペによる具体的なイメージの付与が行われる。「熱いからやけどしないように気をつけて食べなさい」よりも「あっちっちだからふうふうして食べなさい」のほうが子どもに伝わるのは言うまでもない。また，オノマトペを動詞として使うことで活用を楽にすることもでき，「（口の中のものを）かむ」の代わりの「もぐもぐする」，「（はさみで）切る」の代わりの「ちょきちょきする」などを使い，五段活用や一段活用を避け，サ変動詞に一本化することで，活用の負担を軽減する効果もある。

　ただし，幼児語で気をつけなければいけないことは，すべての幼児が使っているわけではないということである。こうした言葉をかなり長く使いつづける幼児もいる一方，早い段階で卒業してしまう幼児もいる。その背後には保護者や幼稚園・保育園の先生などの大人の存在がある。こうした語彙は一面では幼児語であるが，別の面から見ると大人が子育てのときに使う育児語であり，その育児語を幼児は吸収して育つわけである。したがって，たとえば保護者が，子どもっぽい，稚拙であるなど，こうした育児語への評価が低い場合，幼児は使わなかったり，幼稚

園や保育園で耳にしても定着しなかったりする場合がある。

若者語と世代語

　若者語も，幼児語と同様に実体をある程度伴うものである。事実，私のような中年の男性が電車のなかで高校生同士が話すのを聞いていて，意味のわからない言葉が出てくることがある。また，「やばい」のように耳にしたことがある語でも，私の世代が使っている追いつめられた危機的な状況ではなく，ありえないようなすばらしい状況にたいして使われるように，世代によって意味がずれることもある。言葉はたえず変化するものであり，その意味で若者語はいつの時代でも新たに生産されてきたものである。

　最近，よく耳にする若者語は「それな」だろうか。「そうだね」「たしかに」ぐらいの意味合いで使われる肯定的な相槌である。広いシチュエーションで使える言葉であるため，急速に広まったと思われる。

　また，「やばみ」「うれしみ」「つらみ」のような形容詞＋「み」の用法も広がっている。本来，「やばさ」「うれしさ」「つらさ」という形容詞＋「さ」の用法が一般的であったが，「深さ」と「深み」，「温かさ」と「温かみ」，「厚さ」と「厚み」，「悲しさ」と「悲しみ」，「苦しさ」と「苦しみ」，「痛さ」と「痛み」など，「さ」と「み」の使い分けが広がってきていると思われる。

　「み」を現代日本語書き言葉均衡コーパスで調べてみると，「深い」「温かい」「厚い」という属性形容詞の場合，「〜さのある」よりも「〜みのある」の組み合わせがずっと多いことに気がつく。「〜さのある」は「深さのある」5件，「温かさのある」は1件，「厚さのある」は1件であったのにたいし，「深みのある」は119件，「温かみのある」は65件，「厚みのある」は71件もあり，「深みのある声／音／味／色／作品」「温

かみのある声／音／光／空間／部屋／人柄」「厚みのある唇／板／生地／素材／封筒」などが見られた。「さ」はあくまで形容詞を機械的に名詞化したような趣で，あるものを一般的に捉えたにすぎないが，「み」を使うと，あるものの固有の属性を話し手の主観に基づいて感覚的に捉えたような印象がある。

　一方，感情・感覚形容詞の場合，絶対数自体が大きく異なり，「悲しさ」は174件，「悲しみ」は1821件，「苦しさ」は386件，「苦しみ」は1890件，「痛さ」は202件，「痛み」は5265件となっている。あるものを一般的に捉える「さ」よりも，話し手の主観に基づいて感覚的に捉える「み」のほうがよく使われるのは，感情・感覚形容詞というものの性格からして自然であると思われる。さらに，そうした「み」の用法が個人的体験を語る会話において，「やばみ」「うれしみ」「つらみ」といった若者語を生みだしていることもまた，納得の行く結果であろう。

　時代によって変わりやすいのは，強調を表す程度副詞である。私の若者時代は「まじ」「すごい」「超」の三羽がらすが全盛であったが，現代の若者言葉ではそれらにくわえて，「がち」「めっちゃ」「激」などもよく聞かれるようになっている。

　強調を表す程度副詞は時代によって変わりやすく，ある人の話し方を聞けば，その人が使っている程度副詞からどの世代の人か，わかることも少なくない。その意味では，強調の程度副詞は世代語として機能していると言える。学生世代は好きなもの同士で集まり，内輪のコミュニケーションを好むのにたいし，社会に出ると見知らぬ他者とのコミュニケーションの機会が増えるため，ある集団のなかでしか通用しない言葉の使用は減少する。しかし，若い時代に身につけた言葉を使いつづけるケースも多く，かつての若者語が未来の老人語になっていくこともある。その意味で，若者語という捉え方は適切でなく，世代語として捉え

たほうがよい面もあると考えられる。

話し言葉と書き言葉

　「誰が」という話し手の属性のつぎに扱うべきは「誰に」という聞き
手との人間関係であるが，これは敬語の章で詳しく説明されるのでここ
での言及は避け，ここでは「何を用いて」というコミュニケーションの
媒体の位相について触れる。コミュニケーションの媒体を考える場合，
音声言語である話し言葉と文字言語である書き言葉を対立させて考える
のが一般的であり，ここでもその立場を踏襲する。最近では，スマート
フォンなどで生成される打ち言葉という，書かれた話し言葉もあるが，
ここでは打ち言葉も話し言葉に準じて考えることにする。反対にニュー
スの原稿や大学の講義のような話された書き言葉は書き言葉に準じて考
える。

　話し言葉の場合，厳密な言い回しかどうかはさほど問われない。入念
な準備のもとに話しているわけではなく，その場，その場で考えながら
言葉を選んでいるからである。一方，書き言葉の場合，十分な時間をか
けて書くことができ，文字という形で記録にも残るため，正確な言葉遣
いが必要である。新聞報道のジャーナリズムの言葉，法律や裁判などの
法曹界の言葉，官公庁や地方公共団体の公用文，学術的な内容を記した
論文・レポートなどは，とくに厳密な言葉遣いが要求される。

　一般に，名詞・動詞・形容詞の場合，和語よりも漢語のほうが書き言
葉らしいと見なされることが多い。名詞では「本屋」よりも「書店」
が，「きまり」よりも「規則」が，「休み」よりも「休憩」が書き言葉ら
しいし，動詞では「集める」よりも「収集する」が，「捨てる」よりも
「廃棄する」が，また，形容詞・形容動詞では「めずらしい」よりも
「貴重な」，「まじめな」よりも「勤勉な」が書き言葉らしいだろう。漢

語の特徴として，引き締まった表現にできるということもあり，「タバコを吸うこと」は「喫煙」，「酒を飲むこと」は「飲酒」，「雪が降ること」は「降雪」，「年を取ること」は「加齢」などとすると，引き締まった書き言葉らしい表現と言えるだろう。

　また，話し言葉と書き言葉の区別を考える場合，副詞や接続詞，接続助詞に位相差が現れることが多い。とくに，副詞の場合，漢語のほうが話し言葉的なものがあるので，注意が必要である。具体的には，「全然」と「まったく」，「全部」と「すべて」，「多分」と「おそらく」，「絶対」と「かならず」などがある。

　接続詞は「だから」と「したがって」，「でも」と「しかし」，「それから」と「また」，「だって」と「なぜなら」のように，接続助詞も「～から」と「～ため」，「～けど」と「～が」，「～のに」と「～にもかかわらず」，「～たら」と「～れば」のように話し言葉的な表現と書き言葉的な表現がセットになっていることが多いので，書き言葉では後者を選択する必要がある。

日常語と専門語

　「何を用いて」というコミュニケーションの媒体につづいては，「何について」という話の内容について検討する。「何について」という内容を考える場合，私たちに身近で易しい日常的な内容と，相対的に難しい専門的な内容とに分けて考えるとわかりやすい。天気というものを例に取ると，私たちにとって身近な内容であるが，気象庁から発表される内容は科学的で専門的である。

　テレビの天気予報で「お天気キャスター」と呼ばれる人が出てくるが，彼らは専門的な資格を持った「気象予報士」である。日常語では「雲一つないよい天気」は専門語では「快晴」と表現される。

　気象予報では「昼」という言葉は単独では使われない。正午という意味と日中という意味があるからである。「昼前」は午前9時ごろから12時ごろまで，「昼頃」は正午を挟んだ午前11時ごろから13時ごろまで，「昼過ぎ」は12時ごろから15時ごろまで，「夕方」は15時ごろから18時ごろまで，「夜のはじめ頃」は18時ごろから21時ごろまで，「夜遅く」は21時ごろから24時ごろまでと決まっている。なお，「日中」は午前9時ごろから18時ごろまでである。

　専門語は定義が明確であるという特徴があり，専門用語としての気象用語は整然としている。たとえば，「夏日」「真夏日」「猛暑日」は最高気温の違いであり，25度以上の日が「夏日」，30度以上の日が「真夏日」，35度以上の日が「猛暑日」と定義されている。なお，熱帯夜は夜間の最低気温が25度以上の日を指す。

5. 語の意味

内包的意味

　語の意味を考える場合，まず思い浮かぶのは国語辞典に載っている各語の項目の意味記述であろう。たとえば，小学館『デジタル大辞泉』で「父」を引いてみると，「両親のうちの男親のほう」と書いてある。これが「父」を満たす条件である。父は，①人間であり，②親（一親等上の直系親族）であり，③男であるという三つの条件を満たすわけである。語の意味をこのように考える場合，①②③は意義素と呼び，語の意味を意義素の束と考えるわけである。このような定義は，類義語の差異を明確にするのに便利である。母は，①人間であり，②親（一親等上の直系親族）であり，③女である，また，息子は，②子（一親等下の直系親族）であり，③男であるという定義で区別できるからである。

　しかし，私たちは実際にこのように語の意味を考えているのであろう

か。シェパードでも，セントバーナードでも，チワワでも，ダックスフントでも，柴犬でも，イヌを見て，イヌだとわかる一方，タヌキやキツネ，オオカミを見てイヌだと思わないのは，おそらくは私たちの頭のなかに典型的なイヌがいて，そこから周辺的なイヌを位置づけ，一方で，イヌでないタヌキやキツネ，オオカミなどとの差異のなかでイヌを理解しているから，イヌをイヌと呼べるのではないだろうか。ある語の典型的な意味は中心義（プロトタイプ的意味），その周辺にある意味は派生義（非プロトタイプ的意味）と呼ばれ，語の意味は中心義から派生義への広がりとして捉えたほうが，意味の変化なども捉えやすくなるだろう。とくに，基本動詞の意味，たとえば「とる」が「取る」を中心に「捕る」「獲る」「採る」「穫る」「盗る」「摂る」「執る」「撮る」「録る」などと表記される広がりを捉えるためには，中心義から派生義への広がりとして意味を理解しておくほうが都合がよいだろう。

外延的意味

　ただし，ここまで問題にしてきた意味は語の辞書的な意味，いわば概念的意味である。小学館『例解小学国語辞典第5版』には「学校」の意味として「先生が，児童や生徒などに勉強を教える所」と書いてある。この意味には，自動車学校や調理学校のように技能を教える各種学校は含まれないが，学校教育法第1条に規定されている学校であれば，どんな学校でも共通して当てはまる。このような意味は内包的意味と呼ばれる。

　一方，「学校」には特定の具体的な学校を指すことがある。この意味は外延的意味である。外延的意味の世界では，もし夫婦の会話において「真理（娘の名前）は今どこに行っているの？」「学校だよ」と言われたら，娘の通っているある特定の学校が互いの頭のなかにイメージされる

だろう。もちろん，外延的意味を辞書に完全に収録しようとすると，世界中のありとあらゆる学校名を列挙し，それらをすべて辞書に記載しなければならなくなるので，外延的意味を辞書で扱うことは不可能である。ただ，私たちが日常的に「学校」という言葉を使う場合，外延的意味で使うことのほうが圧倒的に多いということにも気づくだろう。

　「私は将来小学校の先生になりたい」と言ったときの「先生」は内包的な意味を表し，教室で「先生，質問があります」と言ったときの「先生」は教科担当の特定の先生を指す外延的な意味を表す。このように普通名詞は内包的な意味を持ちつつも，それが現実の場面で使われると外延的な意味を発揮する。「雨が降っている」「タクシーが来た」と言った場合，いずれも特定の「雨」「タクシー」を指しているという点で外延的な意味を有しているのである。

　なお，名詞には外延的な意味をもっぱら発揮するものがある。一つは固有名詞である。たとえば，徳川家康という固有名詞は特定の個人を指すため，内包的な意味と外延的な意味が一致する。もう一つは「これ」「それ」「あれ」などの指示代名詞である。「これ」「それ」「あれ」は内包的な意味を有さない，いわば数学の未知数xのような言葉である。そのため，「これ」「それ」「あれ」は話し手が指示対象を指すことで外延的な意味を満たさなければならない。逆に言えば，指示対象の名称がわからないときや，指示対象の名称を言うのが面倒なときにはとても便利な言葉である。現実の場面に存在するものを表現する場合，外延的な意味さえ伝わればコミュニケーションは成立するからである。

参考文献

石黒圭 (2016)『語彙力を鍛える』光文社新書

石黒圭 (2018)『豊かな語彙力を育てる』ココ出版

沖森卓也・田中牧郎・陳力衛・前田直子・木村義之 (2011)『図解 日本の語彙』三省堂

柏野和佳子 (2013)「書籍サンプルの文体を分類する」『国語研プロジェクトレビュー』4-1, pp.43-53

滝浦真人 (2014)「話し言葉と書き言葉の語用論―日本語の場合」石黒圭・橋本行洋編『話し言葉と書き言葉の接点』ひつじ書房, pp.75-92

金水敏 (2003)『ヴァーチャル日本語 役割語の謎』岩波書店

国立国語研究所編 (2004)『分類語彙表―増補改訂版』大日本図書刊

中村明 (2010)『日本語 語感の辞典』岩波書店

宮島達夫 (1994)『語彙論研究』むぎ書房

森田良行 (1989)『基礎日本語辞典』角川書店

7 | 文法 ① ―日本語の品詞と動詞活用―

前田直子

《**目標&ポイント**》 文法は，大きく品詞論・形態論・統語論に分けられることを確認し，本章では品詞論と形態論について学ぶ。品詞論では，日本語の十品詞，その捉え方，その中で「形容動詞」の特殊性を知る。形態論では，日本語の動詞の活用の特徴を見る。
《**キーワード**》 品詞論，十品詞，形容動詞，形態論，動詞の活用

1. 「文法」とは何か

図7-1 文法とは何か

「文法」とは「ことばのルール」であり，「文」を作るときの「法則」である。例えば左の図を日本語で表現するとしたら，どのように表現するだろうか。

この絵に描かれているものは「女の子，お弁当，お箸」であるが，おそらく多くの人は，「かわいい女の子がお箸でお弁当を食べている。」のような「文」を作るのではないだろうか。その際，起こったことは，「女の子」という名詞の後ろに「が」という助詞をつけたこと，「お弁当」には「を」という助詞をつけたこと，この動きを「食べる」という動詞で表し，文の最後に置いたこと，「女の子」の前に「かわい

い」という形容詞をつけたこと，などである。「文法」とは，このように材料を組み合わせて，一つの文を作る際に用いられるルールである。そして，文を作る段階は，次の3段階に分けられる。

 (1) 材料をそろえる　　　　　　　　　……　品詞論
 (2) 材料の形を変化させる（語形変化）　……　形態論
 (3) 材料を組み合わせる　　　　　　　　……　統語論

　狭い意味での「文法」は（3）のみを指すが，広義の「文法」はこの3つをすべて含む。まずは「品詞論」から見て行こう。

2. 品詞論　…　日本語の十品詞

　品詞とは文の材料になる単語をグループに分け，それぞれのグループに名前を付けたものである。例えば「名詞」「動詞」「形容詞」「助詞」などがあるが，それでは，日本語の品詞はいくつあるのだろうか。

　品詞の数・種類は，文法理論・研究者によって異なるが，国文法（学校文法）では，「十品詞」と言われ，次のように分類される。

表7-1　十品詞（1）

単語	自立語	活用がある	述語になる（用言）	ウ段で終わる	動詞	1
				「い」で終わる	形容詞	2
				「だ」で終わる	形容動詞	3
		活用がない	主語になる（体言）		名詞	4
			修飾語になる	主に用言を修飾	副詞	5
				体言のみを修飾	連体詞	6
			接続語になる		接続詞	7
			独立語になる		感動詞	8
	付属語	活用がある			助動詞	9
		活用がない			助詞	10

この十品詞を少し異なる方向で図示すると，次のようになる。

表7-2　十品詞 (2)

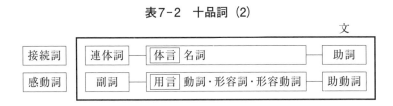

　日本語の単語を分類する際の重要な概念に「体言」と「用言」がある。「体言」とは「名詞」のことであるが，「用言」は「動詞・形容詞・形容動詞」の3つを指す。「用言」とは「活用し，述語になる語」をまとめた名称である。次に，この「体言」「用言」にはそれぞれ，前と後ろにつく単語がある。体言の前に来て，体言を修飾するのは「連体詞[1]（＝体言に連なる語）」であるが，用言の前に来るのは連用詞とは言わず「副詞」と呼ぶ。これは，副詞の中にはまれに体言を修飾する場合があるからである[2]。「体言」の後ろには主に「助詞」が，「用言」の後ろには主に「助動詞」が来る。そしてここまでの八品詞が「文」を構成する基本的な品詞である。残りの二品詞は主に文の外にあり，一つは，文と文などを結ぶ「接続詞」，もう一つは，単独で一文として機能する「感動詞[3]」である。

---

1) 例えば「ある（日），この（本），あらゆる（人々），去る（三月十日）」などが連体詞である。

2)「もっと（右・前）」「かなり（昔・以前）」など。

3) 例えば挨拶を表す「こんにちは」「ありがとう」や応答の「はい」「ええ」などが感動詞である。

助詞の分類

　「体言」と「用言」が日本語の文法を考える際に役立つ概念であることを示す例として，「助詞」の分類を見てみよう。「助詞」は次のように6種類に下位分類される。すなわち，体言につく格助詞，用言につく接続助詞，両方につく副助詞（係助詞），そして文および文内の切れ目につく終助詞・間投助詞の6種類である。

表7-3　助詞の分類

助詞	体言 につく		格助詞	が、を、に…
			副助詞	だけ、しか…
	用言 につく		係助詞（古典語）	は、も、こそ
			接続助詞	ば、から、て…
	文の切れ目につく	文につく	終助詞	ね、よ、か…
		文節につく	間投助詞	ね、よ、さ…

「形容動詞」は「形容詞」？　「動詞」？

　日本語の十品詞の中で，世界的に見ても特殊な品詞が一つある。それは「形容動詞」である。「形容動詞」という名前は「形容詞」と「動詞」を合わせたように見えるが，なぜそのような名前が付けられたのか。

　まず，形容動詞にはどのようなものがあるかを見てみよう。例えば次のようなものが形容動詞である。

　　簡単　クール　元気　静か　上手　好き　素敵　ソフト　大切
　　大変　賑やか　必要　暇　複雑　変　便利　無理　有名　ワイド

　形容動詞の特徴は，活用し，「だ」を伴って文末の述語になり，「な」を伴って名詞を修飾し，「に」を伴って用言を修飾する機能をもつことである。

・祖父は<u>元気だ</u>。

・<u>元気な</u>祖父

・祖父は<u>元気に</u>生活している。

このような形容動詞は，動詞よりもむしろ形容詞に似ている。

・祖父は<u>優しい</u>。

・<u>優しい</u>祖父

・祖父は<u>優しく</u>孫を抱きしめた。

こうした形容詞との類似性から，形容動詞を「ナ形容詞」,「優しい」のように「い」で終わる形容詞を「イ形容詞」と呼び，形容詞の下位分類と考えることが，現代日本語の文法では一般的である。

　ではなぜ「形容動詞」という名前がつけられたのだろうか。それには歴史的な理由がある。現代語の形容動詞に「動詞」性を見出(みいだ)すことは難しいが，古典語の形容動詞には，動詞と共通する性質があった。それは活用が動詞のラ行変格活用と同じであったということである。古典語の形容動詞には「静かなり」「堂々たり」のようなナリ活用・タリ活用と呼ばれる2種類の活用があり，いずれもラ行変格活用の動詞（あり・をり・はべり・いますがり）と同じ活用変化をした。よって形容動詞は，「意味的には形容詞と同じ，文法的に（活用）は動詞と同じ」であったため，形容動詞という名前が付けられたのである。現代語では，ラ行変格活用もナリ活用・タリ活用も消え，形容動詞の動詞性はすっかり失われてしまったが，しかし現代語の形容動詞「元気だ」も，文章語では「元気である」のように動詞「ある」が出現する。形容動詞という名称は必ずしも現代語では意味を持たないということにはならない。

　形容動詞（ナ形容詞）が存在することにより，日本語には活用が異なる二つの形容詞が存在することになった。これは世界的に見ても特殊なことである。なぜ日本語には形容詞が二つあるのだろうか。

　上に挙げた形容動詞のリストを見るとあることに気づく。それは形容動詞（ナ形容詞）には「漢語」や「外来語」が多く，「和語」が少ないということである。一方，形容詞（イ形容詞）は殆どが「和語」である。このことは，日本語にもともと存在した形容詞はイ形容詞であって，新たに漢語や外来語を形容詞として受け入れた際，形容動詞（ナ形容詞）として受容してきたと解釈できる。形容動詞（ナ形容詞）という第二の形容詞は，日本語の中で，新しい形容詞を生み出す装置として機能していることがわかる。

3. 形態論 … 動詞の活用

　品詞論では，文の材料として使われる単語を，文法的な性質に基づいて分類したが，単語が実際に文の中で使われる時に，形が変化する場合がある。形態論とはそのような現象を扱う文法分野である。

　例えば「雨」「傘」という名詞は，「雨傘」になると「あめ→あま」「かさ→がさ[4]」と語形が変化する。だが「あめ」と「あま」，「かさ」と「がさ」は，別の単語ではなく，同じ単語であると感じられるだろう。このような現象を説明するために，「あめ」「あま」は同じ**形態素**の**異形態**であると考える。

　同様に，例えば「考える・考えた・考えて・考えよう・考えます・考えない」等は，語形はそれぞれ異なるが同じ動詞「考える」の別の形であると見なせる。このような用言の語形変化を**活用**という。では，日本語の動詞はどのようなルールに基づいて活用しているのだろうか。

動詞の活用

　活用は，語形の規則的な変化であり，日本語の動詞にはその変化のパターンが5種類あると考えられている。その5種類を整理すると，次の

4）複合名詞の後ろの名詞の語頭子音が濁音になる現象を**連濁**という。

ようになる。

表7-4　日本語の動詞の活用の種類

動詞の活用	規則活用	五段活用（子音語幹動詞）		歌う、書く、話す…
		一段活用 （母音語幹動詞）	上一段活用	見る、落ちる…
			下一段活用	考える、食べる…
	不規則活用	カ行変格活用		来る
		サ行変格活用		する

　不規則動詞が「来る」「する」の二つしかないのは，世界的に見ても珍しいくらい簡単な点であるが，日本語の動詞の活用の難しいところは，規則動詞が2種類あることである。五段動詞と一段動詞は何が違うのだろうか。

　国文法では，次のような活用表で活用を示す。**語幹**とは活用する際に変化しない部分であり，**活用語尾**とは変化する部分である。

表7-5　国文法の活用表

		書く	考える
語幹		書	考
活用語尾	未然形	か　こ	え
	連用形	き　い	え
	終止形	く	える
	連体形	く	える
	仮定形	け	えれ
	命令形	け	えろ えよ

この表では，五段動詞と一段動詞は全く異なる活用変化をしているように見える。それに対し，現代日本語の分析では，次のような活用の捉え方をする。

表7-6　子音語幹動詞と母音語幹動詞

		書く	考える
	語幹	書k	考え
活用語尾	基本形（辞書形）	(r) u	
	ナイ形	(a) ない	
	受身形	(r) a れる	
	使役形	(s) a せる	
	マス形	(i) ます	
	可能形	(rar) e る → (r) e る	
	条件形（バ形）	(r) e ば	
	意向形	(y) o う	
	命令形	e	ろ

　この活用表では，五段動詞「書く」の語幹は「書k」，一段動詞「考える」の語幹は「考え」であり，前者は子音で終わっているので**子音語幹動詞**，後者は母音（e）で終わっているので**母音語幹動詞**と呼ばれる。
　この活用表では，活用語尾に（　）が使われているが，（　）内の音素は使う場合と使わない場合があるという意味である。例えば基本形（辞書形）を作る際，語幹にruをつけるが，子音語幹動詞は語幹が子音で終わるので，ruをつけると，子音が二つ重なってしまう。日本語は，子音の次は母音，母音の次は子音が来ることを好むので，子音語幹動詞ではruの冒頭の子音rを使用せずuだけを使用して基本形（辞書形）を作る。それに対して母音語幹動詞は語幹が母音で終わるので，そのまま

ruをつけて基本形（辞書形）を作ることになる。

表7-7　基本形（辞書形）の作り方

	子音語幹動詞	母音語幹動詞
語幹	書k	考え
活用語尾をつける	書k ＋ ru	考え ＋ ru
	書k ＋ u	↓
	↓	
基本形（辞書形）	書く	考える

　また，ナイ形の場合は，活用語尾が母音で始まる「(a)ない」である
ため，子音語幹動詞では母音aを使用し，母音語幹動詞では，使用しな
いことになる。

表7-8　ナイ形の作り方

	子音語幹動詞	母音語幹動詞
語幹	書k	考え
活用語尾をつける	書k ＋ aない	考え ＋ aない
	↓	考え ＋ ない
		↓
ナイ形	書かない	考えない

　この中で特殊な活用語尾は可能形である。可能形だけ活用語尾の（　）
内に「rar」の3つの音素が入り，他の活用形と不均衡である。だがこ
れを「(r)eる」とすれば，他の活用語尾と揃った形態になることがわ
かるだろう。この場合，母音語幹動詞の可能形はいわゆる「ら抜きこと
ば」になる。「ら抜きことば」は，ことばの乱れではなく，言語の規則
性・合理性の結果であると考えられているが，この活用語尾の捉え方か

114

らもそのことがわかるだろう。

　子音語幹動詞・母音語幹動詞という考え方では，語幹に同じ活用語尾を付ける（ただし，（　）を用いるという補足の規則がある）ことにより，様々な活用形を作り出すことができる点で，国文法の活用表とは大きく異なるが，しかし，こちらの考え方でも，子音語幹動詞・母音語幹動詞でまったく異なるルールが働く場合が二つある。一つは命令形であり，命令形を作るルールは，子音語幹動詞は語幹にeを，母音語幹動詞は語幹に「ろ・よ」を付ける。もう一つは，テ形（タ形）の場合である。

　テ形（タ形）を作るルールは，日本語の動詞の活用の中で最も複雑で例外的な規則が必要になる。難しいのは子音語幹動詞の方で，母音語幹動詞は語幹に「て（た）」を付けるだけである。子音語幹動詞は，その子音によって，5種類のルールが必要になる。

表7-9　テ形の作り方の6つのルール

母音語幹動詞		語幹 + て		考え-ru → 考えて	1
子音語幹動詞	語幹末子音	w t r	+ って	歌w-u → 歌って 立t-u → 立って 走r-u → 走って	2
		m b n	+ んで	読m-u → 読んで 遊b-u → 遊んで 死n-u → 死んで	3
		k	+ いて	書k-u → 書いて	4
		g	+ いで	泳g-u → 泳いで	5
		s	+ して	話s-u → 話して	6

　母音語幹動詞は，語幹に「て」を付けるだけですむが，子音語幹動詞

は，語幹末の子音を削除し「って」を付けるタイプ（促音便），「んで」を付けるタイプ（撥音便），「いて」および「いで」を付けるタイプ（イ音便）があり，語幹末子音がsの場合のみ語幹の子音sは残り，「iて」を付ける（音便がない）。

　このテ形（タ形）の形態変化は，日本語の動詞の活用形の作り方の中で最も難しいもので，外国人が日本語を学ぶ際，初期の大きな困難点にもなっている。

動詞の活用の種類の見分け方

　日本語の動詞の活用は，世界の他の言語の動詞の活用と比べて，難しいのだろうか，それとも簡単なのだろうか。答えは「難しいところと簡単なところがある」である。

　まず簡単なところは，「不規則動詞が二つしかない」ということである。一方，難しいところは，規則的な活用に五段活用（子音語幹）動詞と一段活用（母音語幹）動詞の2種類があることである。

　不規則活用の動詞に「来る」「する」の二つしかないのは「簡単なところ」であり，日本語学習者にとって大変ありがたいことである。そして「残りは全て規則活用なのだから簡単だ」と言いたいところなのだが，実は，規則動詞が二つあるというのは非常に困ったことなのである。ある動詞を初めて見たとき，それが規則動詞であることはわかっても，どちらのタイプの規則動詞かわからないと，語幹がわからず，動詞を活用させることができないからである。例えば「かえる」という動詞の語幹は，「かえ」なのか「かえr」なのかがわからない，ということになる（実際に「変える」と「帰る」の両方がある）。

　では，規則動詞については全て語幹を覚えなければいけないのだろうか。もしそうだとしたら，それは日本語学習者にとって大きな負担にな

116

るが，言語にはそのような負担を回避する何らかの規則性がある。日本
語の場合も同様である。

　例えば，次の動詞（48動詞）を，五段動詞か一段動詞か見分ける方
法はないのだろうか。

あう	あける	あげる	あそぶ	ある	いく
いそぐ	おきる	おくる	おしえる	およぐ	おりる
おわる	かう	かかる	かく	かける	かす
かりる	きく	きる	けす	ける	すう
すわる	だす	たつ	たべる	つかう	つかれる
つける	てつだう	とる	ならう	ぬる	のむ
はいる	はしる	はたらく	はなす	まつ	みる
むかえる	もつ	もらう	やすむ	よぶ	よむ

　実はこれらの動詞は，平仮名さえ読めれば，子音語幹動詞か母音語幹
動詞か，見ただけで，ほぼわかるのである。そのルールとは次の通りで
ある。

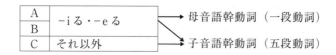

　まずCのグループから見て行こう。日本語の動詞で「iる・eる」以外
で終わっている動詞は，全て，子音語幹動詞である。なぜなら，母音語
幹動詞は必ず「iる（上一段動詞）・eる（下一段動詞）」のどちらかだか
らである。Cグループの動詞を網掛けすると次の図のようになり，網掛
けをした動詞は全て，子音語幹動詞である。

　次に，「iる・eる」で終わっている動詞を見ていくが，これらは必ず母音語幹動詞になるわけではない。子音語幹動詞の中にも「iる・eる」で終わる動詞があるからである。それがBグループである。よって，上の表の中から，Bグループになるものを探せばよい。

あう	あける	あげる	あそぶ	ある	いく
いそぐ	おきる	おくる	おしえる	およぐ	おりる
おわる	かう	かかる	かく	かける	かす
かりる	きく	きる	けす	ける	すう
すわる	だす	たつ	たべる	つかう	つかれる
つける	てつだう	とる	ならう	ぬる	のむ
はいる	はしる	はたらく	はなす	まつ	みる
むかえる	もつ	もらう	やすむ	よぶ	よむ

　白く残っている動詞は，「iる・eる」で終わっている動詞で，母音語幹動詞の可能性が高いが，子音語幹動詞の可能性がある動詞である。これについては，確かに覚えるしかない。上のリストでいえば，「蹴る・入る・走る」がBグループである。「きる」は「切る」であれば子音語幹動詞，「着る」であれば，母音語幹動詞である。

　上の48の動詞のうち，活用の種類を覚えなければいけないのは，4つだけであり，残りの44動詞は覚える必要はない。日本語の動詞はかなりの割合で[5)]，その規則動詞が「子音語幹動詞か母音語幹動詞か」がわかり，覚えるべき例外となる動詞は次表の通りである。

---

5) 筆者の調査では約4％が覚えねばならない数値であり，残りの96％は見ただけで活用の種類が判別でき，覚える必要はない。

表7-10 「iる・eる」で終わる五段動詞
(級は「旧日本語能力試験出題基準語彙表」による)

	－iる	－eる	
4級	要る　切る　知る　入る　走る	帰る	6
3級	参る	滑る	2
2級	炒る　限る　かじる　とちる 握る　混じる	蹴る　茂る　湿る　しゃべる 照る　ひねる　減る	13
1級	なじる	焦る　つねる　湿気る 練る　蘇る	6
級外	陥る　牛耳る　愚痴る けちる　せびる　どじる　びびる ほじる　やじる　よぎる　よじる	あざける　うねる　おもねる (卵が)かえる　陰る　覆る くねる　だべる　翻る　火照る	21

なぜ規則活用に2種類があるのか

規則活用のタイプに五段型と一段型の2種類があるというのは面倒な話である。なぜ2種類もあるのだろうか。「これは日本語独特の特徴か」と思うかも知れないが，実はこの2種類の規則活用システムは，世界の言語から見ればごくありふれた形態変化の仕方であり，例えば英語の動詞の活用とも非常によく似ている。

「日本語の動詞の活用が，英語の動詞の活用と非常によく似ている」と言うと驚かれるかも知れない。英語の動詞の活用には，規則活用と不規則活用があり，規則活用動詞は過去形を作る際にedを付ける。そしてこの変化の仕組みは，日本語の一段活用とよく似ている。日本語の一段活用は，終止形が「る」で終わり，それより前が語幹である。よって，その語幹に，否定形は「ない」，丁寧形は「ます」，条件形は「れば」を付ければよい。このように，語幹に何らかの活用語尾（**接辞**）を付けることによる変化は**外部屈折**（external inflection）と呼ばれる。英語の名詞の複数形を作る際にsを付けるのもこの方式である。

　一方，英語には不規則活用もあり，これはedを付けても過去形にならない。不規則活用には，いくつかのパターンがあり，cut-cutのように語形変化しない場合もあるが，多くの場合はcome-cameのように母音が交替することによって変化する。こうした方式は**内部屈折**（internal inflection）と呼ばれ，英語の名詞の複数形でも，少数ながら，man-men，foot-feet，mouse-miceのような場合に見られる。そしてこの母音変化によって語形を変化させるというのは，五段動詞の特徴と類似する。五段動詞の特徴は，語幹に「ない」「ます」などを付けるだけでは正しく活用させることにならず（書く-×書くない），その前の母音を変化させなければならない（書く-書かない）。つまり内部屈折が必要であるという点で，英語の不規則動詞と非常によく似ている。ただし，母音を変化させて，更に接辞を付けることが必要であり，内部屈折と外部屈折の併用型というのが正確であろう。

　なお，日本語には「する」「くる」という不規則動詞がある。それに相当するのは，英語の不規則動詞の中でも，go-went，そしてbe動詞の活用であろうが，これに比べれば日本語の不規則活用は，語幹の子音が共通しているという点ではまだ規則性があるとも言えるかも知れない。

　日本語動詞の活用の特徴は，不規則活用の動詞がわずか二つしかないこと（＝簡単な点），規則活用に2種類あること（＝難しい点）である。日本語の動詞を活用させる際には，この2種類の規則活用を見分けることが重要になるが，その見分けはそれほど難しいことではなく，かなりの確率で，見ただけで見分けることができ，非常に規則的である。そしてその2種類の活用の仕組みは，言語が持つ二つの形態変化の方法，すなわち内部屈折と外部屈折を用いているに過ぎない。

表7-11　日本語と英語の動詞の活用

日本語				英語	
規則活用	一段活用（母音語幹動詞）	食べ－る	look		規則活用
		食べ－ない	looked		
		食べ－ます	start		
		食べ－れば	started		
	五段活用（子音語幹動詞）	書k－u	see		不規則活用
		書k－aない	saw		
		書k－iます	begin		
		書k－eば	began		
不規則活用		く－る	go		
		こ－ない	went		
		す－る	be		
		し－ない	was, were		

参考文献（読書案内）

庵功雄（2012）『新しい日本語学入門－ことばのしくみを考える（第2版）』スリーエーネットワーク

井上優（2002）『日本語文法のしくみ（シリーズ・日本語のしくみを探る1)』研究社

益岡隆志・田窪行則（1992）『基礎日本語文法－改訂版』くろしお出版

8 | 文法 ② ―日本語統語論の仕組み―

前田直子

《**目標＆ポイント**》 文法の3つ目として統語論を取り上げる。統語論とは，文の材料（単語）を組み合わせて文を作る法則を探る分野である。まずは，日本語の文の基本構造が述語を中心に決まることを確認する。次にその述語が，様々な形式と組み合わさることで，複雑な意味を表す様子を見ていく。具体的には，ボイス・アスペクト・テンス・ムード（モダリティ）などであり，これらの文法カテゴリーの特徴を学ぶ。
《**キーワード**》 文の基本構造，述語，文法カテゴリー，ボイス，アスペクト，テンス，ムード，モダリティ

1. 文の基本構造（基本文型）

　英語の基本構造として，次の5文型[1]があることはよく知られている。では日本語にもこのような基本文型はあるのだろうか。

　　第1文型　　　SV
　　第2文型　　　SVC
　　第3文型　　　SVO
　　第4文型　　　SVOO
　　第5文型　　　SVOC

日本語にはこうした基本文型はないが，それに代わる考え方として，述語を文の主要な要素と捉え，述語がどのような格助詞とともに用いられるかということを基本文型と考える。例えば「食べる」という動詞

1) S（Subject主語），V（Verb動詞），O（Object目的語），C（Complement補語）

は，「〜が〜を食べる」のように，必ず「が」と「を」を要求する。「教える」であれば「〜が〜に〜を教える」，「争う」であれば「〜が〜と争う」のように，それぞれ述語が表す意味によって必須の「名詞＋格助詞（**格成分**）」は決まっている。

述語の種類

日本語の文は**述語**基礎となる。そして述語には3種類がある。

(1) 動詞述語

(2) 形容詞述語（形容詞，形容動詞）

(3) 名詞述語（名詞＋「だ・です・である・でございます」）

形容詞述語は形容詞（イ形容詞）と形容動詞（ナ形容詞）の両方を含む。注意が必要なのは，名詞述語である。名詞は単独では述語になれず，必ず「だ」(断定の助動詞[2])が必要になる。

　個々の述語は事態の意味を描き出すために必須となる名詞の数と，その名詞が伴う格助詞が決まっている，このような「名詞＋格助詞」を**格成分**（補語，補足語，項）と呼ぶ。格成分がゼロの述語はまれ[3]で，必ず一つ以上の格成分を必要とする。形容詞述語・名詞述語は格成分が一つであるものが多いが，動詞述語は様々な基本文型のパターンを持つ。

　なお，格成分の中に「〜は」がないことに注意してほしい。助詞「は」は格助詞ではなく，古典文法では係助詞，口語文法では副助詞，現代語文法では**とりたて助詞**と呼ばれる助詞であって，格助詞とは異なる働きをする。「は」と「が」の違いについては，次章で学ぶ。

---

2) 名詞述語文において名詞とともに使われる要素は「断定の助動詞」という名称のほか，コピュラCopula，繋辞（けいじ）と呼ばれるが，現代日本語文法においても，「判定詞」という品詞名を立てる場合もある。

3)「春めく，停電する，時雨れる，吹雪く」などが指摘されている。

表8-1　基本文型（述語と必須の格成分の例）

		動詞述語		形容詞述語		名詞述語
1項述語	～が	立つ、死ぬ、咲く		高い、寂しい		学生だ
2項述語	～が～が			ほしい、好きだ		
	～が～と	争う、別れる	会う	親しい	等しい	友達だ
	～が～に	行く、落ちる	相談する	不可欠だ		
	～が～から	出る、できる、なる		遠い	近い	
	～に～が	ある、できる、見える				
	～が～を	読む、作る、割る、見る				
3項述語	～が～に～を	移す、貸す		借りる		
	～が～から～を	出す、選ぶ		教わる		

必須的な格成分と副次的な格成分

　述語が必要とする「名詞＋格助詞」は格成分の中でも必須的な格成分と呼ばれる。例えば，「食べる」においては，「食べる主体＋が」「食べられる対象＋を」という格成分は必須である。だが「食べる」の文には，「に」「で」「と」，あるいは格助詞を伴わない時間成分（例えば，「明日」「去年」など）も一緒に出現できる。

　9時に　弟が　居酒屋で　友達と　カレーを　食べる

　「時間＋に」「場所＋で」「相手＋と」などは「食べる」にとって必須的な格成分（必須補語）ではなく，副次的な格成分（副次補語）と呼ばれる。

2. 文法カテゴリー

　述語が定まり，述語の意味する事態を表すのに必要な名詞と格助詞（格成分）が確定すると，文の核となるものができあがる。例えば，下の絵では「女の子がお箸でお弁当を食べる（コト）」が文の核になる。

　だが，文はこれだけではまだ完成しない。その述語部分に様々な要素が付く。例えば，左の絵では「食べる」ではなく，「食べた」としても

よいし「食べている」としてもよいし，「食べていた」としてもよい。「食べようとしている」とすることもできるし，「食べ始めた」とすることもできる。このように述語（特に動詞述語）には更に様々な要素が付いて，文の内容を細かく表現し分けることができる。このようなものを**文法カテゴリー**と呼ぶ。主な文法カテゴリーには次のようなものがある。順にみて行こう。

(1) ボイス　　　　例　「食べる」か「食べられる」かの違い

(2) アスペクト　　例　「食べる」か「食べている」かの違い

(3) テンス　　　　例　「食べる」か「食べた」かの違い

(4) ムード・　　　例　「食べる」か「食べろ」かの違い

　　モダリティ　　例　「食べる」か「食べるだろう」かの違い

【文法カテゴリー】

3. ボイス （Voice　態）

　例えば「先生が学生を褒める」という出来事は，「学生が先生に褒められる」という出来事と同じ意味を表している。だが両者は，「褒める」という動作に関わる「先生」と「学生」にどのような格助詞を用いるかが異なる。「先生が学生を褒める」は「先生」を「が」で表し，先生の立場から出来事を描いたものになっている。一方「学生が先生に褒められる」は，「学生」が「が」で表され，学生の立場からその出来事が描かれ，その際，動詞に「～られる」という形態が接続している。このように，事態の成立に関わる名詞（ここでは「先生」「学生」）にどのような格（が・を・に）を後続させるかに応じて，動詞の形態も変わる。このような文法カテゴリーを**ボイス**という。日本語の主なボイスには，次の3つがある。

　・先生が学生を褒める（能動文[4]）
　・学生が先生に褒められる（受身文）
　・校長先生が先生に学生を褒めさせる（使役文）
この3つの文はいずれも「先生が学生を褒める」ことが共通した内容（文の核）になっている。

　ボイスは動詞述語にのみ現れ，名詞述語・形容詞述語には出現しない文法カテゴリーである。

受身文の下位分類 （1）

　日本語は受身文の種類が多様で，他動詞だけでなく自動詞も受身文になる。日本語の受身文は大きく3種類に分けられる。

　第一は，動作の対象が「が」格となる場合であり，**直接受身**と呼ばれる。動作の対象には「を」を伴う直接対象と「に」を伴う間接対象があ

---

[4]　能動文とは受身文に対応するもので，使役文の元の文に対しては一般に用いないが，ここでは便宜的に能動文として示す。

るが、いずれも受身文の「が」格になりうる。

(1) 先生が学生を褒める
  → 学生が先生に褒められる（直接対象の直接受身）
(2) 犬が一郎にかみつく
  → 一郎が犬にかみつかれる（間接対象の直接受身）

　第二は、動作の対象の持ち主が「が」格となる場合であり、**持ち主の受身**と呼ばれる。

(3) 先生が花子の息子を褒める
  → 花子が先生に息子を褒められる（直接対象の持ち主の受身）
(4) 犬が太郎の足にかみつく
  → 太郎が犬に足にかみつかれる（間接対象の持ち主の受身）

直接受身と持ち主の受身は、いずれも動作の対象を持つ他動詞の受身である。だが、第三の受身である**間接受身（迷惑の受身）**は、他動詞だけでなく自動詞からも作られる。間接受身の「が」格は、元の能動文には存在しない人物（たいてい「私」）である。

(5) 太郎が先に家を建てる　→　私は太郎に先に家を建てられる
(6) 突然雨が降る　→　突然雨に降られる

これら3種の受身文に共通するのは、①動詞の語幹に「(r) aれる」という形態が付くこと、②能動文の「が」格名詞が、「が」以外の格（多くの場合は「に」）に変化（＝降格）すること、この二つである。つま

り受身とは全て，もとの能動文の「が」格名詞を「が」格以外に換える降格現象だと言える。「が」格名詞が「降格」すると，代わりに別のものを「が」格名詞に据えなければならない（＝昇格）。新しく「が」格名詞になるものが動作の対象（を・に）である場合は直接受身，対象の持ち主（の）である場合は持ち主の受身，もとの能動文には存在しない人物（たいてい私）を「が」格名詞に据えるのが間接受身，ということになる。

　なお，受身文には次のようなものもある。

（7）「風が吹くと桶屋が儲かる」と言われる。

この文には「が」格名詞がない。もとの能動文の「が」格（「風が吹くと桶屋が儲かる」と言った人）は降格し，かつ省略されているが，昇格が起こらなかったのである。このような受身は**内容の受身**と呼ばれる。

受身文の下位分類 (2)

　直接受身・持ち主の受身・間接受身の3分類は，能動文から受身文を作り出すときに，何を「が」格名詞に据えるかの違いによって受身文を分類したものだが，日本語の受身文の分類にはもう一つある。

　日本語の受身文は多くの場合，「人（有情者）」が「が」格に立つ。持ち主の受身・間接受身は全てそうである。そして「モノ（非情物）」が「が」格に立つ受身，すなわち**非情の受身**は不自然になることがある。

（8）息子が父親に叩かれる。

（9）??ドアが父親に叩かれる。

だが，次のような場合は自然であり，このような非情の受身は，日本語本来の受け身ではなく，比較的新しい用法であると考えられている[5]。

　(10) 2020年にオリンピックが開かれる。

この分類では，受身文の「が」格名詞が有情者か非情物かが問題になってきたが，しかし，現代日本語では，モノが「が」格に立つ非情の受身は珍しいとは言えず，(9) のように，モノが「が」格で，人が「に」格になる受身が少ないと言うべきであろう。日本語では，人とモノの両方が「が」格になれる場合，人の方を好むということである。これまでは「が」格名詞の非情性のみが問題となってきたが，「に」格名詞（元の能動文の行為者・「が」格名詞）についても有情者か非情物かを考えることが受身の分類にとって重要になることがわかる。このような観点から受身を分類すると次のようになる。現代日本語でよく使われる頻度の高い受身は，**表8-2**の①と③であり，②と④のタイプは，使用が少ない。

表8-2　受身の4大分類[6]

		「に」格／によって（行為者）	
		有情者	非情物
「が」格	有情者	①一夫は兄に殺された	②息子は病に侵されている
	非情物	③机が折りたたまれた	④日本は海に囲まれた島国だ

5) 松下大三郎（1930）『標準日本口語法』中文館書店
6) 志波彩子（2015）『現代日本語の受身構文タイプとテクストジャンル』和泉書院

4. アスペクト（Aspect　相）

　ある事態を日本語で表現する場合，細かく言い分けられているものに，その動きが現在，どのような段階にあるのかを示す言い方がある。例えば次の各表現はそれぞれ「食べる」の異なる段階を表している。

表8-3　「食べる」の様々な段階例

食べようとする	開始直前
食べ始める	開始
食べかける	開始直後
食べている	途中
食べ終わる	終了
食べきる	
食べたところだ	終了直後
食べたばかりだ	

　これらの形態は動きの様々な段階を捉えたものだが，動きの捉え方にはもう一つある。それは「食べる。」のように，動きの開始から終了までをひとまとまりのものとして表現するという捉え方である。[7]

（11）昨晩7時，私は夕食を食べていた。

（12）昨晩7時，私は夕食を食べた。

7）特別な（有標の）アスペクト形式が付かない形式で，**完成相**と呼ぶ。

（11）では「昨晩7時」に夕食を食べている途中段階であることがわかるが，（12）では「昨晩7時」は夕食を開始した時間かもしれないし，終了した時間かもしれない。あるいは，夕食の時間がだいたい7時であったということを言っていて，7時の段階では，夕食の最中であったかもしれない。（12）は夕食を「食べる」という行為の全体（開始・途中・終了）をひとまとまりとして示しているだけである。このような捉え方・示し方をする場合，動詞は**無標**のまま用いられる。それに対して，動きの段階を細かく言い分ける場合は，様々な形式がつく（**有標**）。

　このように，動きをひとまとまりのものとして示す（**無標のアスペクト**），あるいは時間的に幅のある動きのどの段階にあるかを示す（**有標のアスペクト**），様々な表現を**アスペクト**という。アスペクトは動きを表す動詞述語にのみ現れ，状態を表す動詞述語，名詞述語・形容詞述語には出現しない文法カテゴリーである。

アスペクト形式の分類

　アスペクトには特別の形式が付かず，動詞だけで表される無標のアスペクトと，何らかのアスペクト形式が動詞に後続して表される有標のアスペクトがある。そして有標のアスペクトには次のようなものがある。いずれも，アスペクト専用形式ではなく，本来は動詞あるいは名詞であったものが，アスペクトを表す補助的・形式的な動詞・名詞として用いられている。このようにアスペクト形式が多数あるのは，日本語が動きの様々な段階を細かく表現し分けたいからであるとも考えられるだろう。

表8-4　有標のアスペクト形式[8]

複合動詞 動詞の 連用形 に後接	A	1	しかける	橋が増水で流れかけた。
		2	しはじめる	ようやく人が集まりはじめた。
		3	しだす	雨が降りだした。
		4	しつづける	みんなはそのまま本を読みつづけた。
		5	しおわる	夜中までかかって準備をしおわった。
		6	しつくす	予定していた歌を歌いつくした。
		7	しきる	田中さんは1万メートルを走りきった。
		8	しとおす	一冊の本を読みとおした。
テ形 ＋ 補助動詞 テ形に 後接	B	1	してくる	だんだん花が枯れてきた。
		2	していく	あの俳優はこれから伸びていくだろう。
	C		してしまう	フライパンを焦がしてしまった。
				宿題を最後までやってしまった。
	D	1	している	鈴木は結婚している。
		2	してある	冷蔵庫にビールを冷やしてある。
		3	しておく	家族には行き先を知らせておく。
		4	しつつある	船は岸壁を離れつつある。
形式名詞 ＋ だ	E	1	ところだ	佐藤は夕食を食べるところだ。
		2	ばかりだ	佐藤は夕食を食べたばかりだ。
		3	最中だ	佐藤は夕食を食べている最中だ。

「している」のアスペクト的意味

　有標のアスペクト形式の中で最も高頻度に使用されているのは「している」であり，動詞の「している」形は**継続相**とも呼ばれる。普通，動詞は動きを表すが，それを状態として表したい場合があり，その場合

8）日本語記述文法研究会『現代日本語文法②』p.13：なおこれらの形式が共起するときは，基本的に，A・B・C・D・Eの順で共起する。同じグループの形式は基本的に共起しない。
・生徒たちはこれからも学び続けていく。（A＋B）

に,「している」の形式が使われる。

　動きを状態として表す場合,すなわち「している」の意味は次のように分類できる。

表8-5　「している」の意味

基本的意味	動作の継続（進行中）	学生が走っている
	動作の結果の継続（結果の残存）	学生が倒れている
派生的意味	反復・習慣	毎年富士山に登っている
	パーフェクト[9]（経歴）	富士山には三回登っている
	単なる状態	富士山がそびえている

　「している」形式が,動作の継続と動作の結果の継続の両方を表すのは現代日本語の標準語の特徴である。なぜ,まったく異なるこの2つの意味が一つの「している」で表せるのだろうか。

　(13)　娘は今日,浴衣を<u>着ている</u>。…　動作の結果の継続
　(14)　娘は今,隣の部屋で浴衣を<u>着ている</u>。　…　動作の継続

ある動詞の「している」形がどちらの意味になるかは,次節で見るように基本的に動詞によって決まっている。また共起する副詞的成分によっても意味が明確になる。例えば「着る」は基本的には動作の結果の継続を表すが,(14)では動作の場所を表す「(隣の部屋)で」が共起しているため,ここでの「着ている」は動作の継続と解釈される。

---

9)　パーフェクトとは,「現在有効な過去の運動の実現」を表す。（工藤真由美（1995）『アスペクト・テンス体系とテクスト−現代日本語の時間の表現』ひつじ書房）

「している」の意味と動詞の分類

　「している」の意味が動作の継続になるか，動作の結果の継続になるかによって，動詞を分類することができることを最初に示したのは，金田一春彦（1950）[10] である。金田一は，「している」の意味が進行中であるものを**継続動詞**（食べる，飲む，書く…），結果の残存であるものを**瞬間動詞**（死ぬ，割れる，消える…），「している」形式を持たない動詞を**状態動詞**（ある，要る，できる…），文末においては常に「している」形で用いられる**第四種の動詞**（そびえる，ばかげる，しゃれる…）と名付け，動詞を4種に分類した。その後，奥田靖雄（1977，1978）は，金田一の四分類を「する・している」の対立（アスペクト的対立）を持つ動詞と持たない動詞があると大きくとらえ，持つ動詞については，変化を含む変化動詞と変化を含まない動作動詞に2分類した。またアスペクトの対立を持たない動詞の中には，「する」形でも「している」形でも意味が変わらない動詞があることを指摘した（存在する，違う，関連する…）。さらに日本語記述文法研究会（2007）は状態動詞を3つに整理した。

表8-6　動詞のアスペクト的分類

金田一（1950）	奥田（1977）	
継続動詞	アスペクトの対立のある動詞	動作動詞
瞬間動詞		変化動詞
状態動詞	アスペクトの対立のない動詞	スル形状態動詞
第四種の動詞		シテイル形状態動詞
		スル・シテイル形両用状態動詞
		日本語記述文法研究会（2007）

10)「国語動詞の一分類」『日本語動詞のアスペクト』（1976，むぎ書房）に収録。

5. テンス（Tense　時制）

　述語の表す意味の大きなものの中に，その出来事がいつのことであるのかということがある。過去のことなのか，現在のことなのか，未来のことなのかという意味（＝テンポラリティ）は全ての言語が表しわける。しかし，その意味を表しわける専用形式を持つかどうかは，言語によって異なる。テンポラリティを表す専用形式を**テンス**という。日本語はテンスを2つしか持たない。非過去形（ル形）と過去形（タ形）の2つである。2つで過去・現在・未来[11]を表すためには，1つの形式に2つの意味を負わせる必要が出てくるため，日本語は非過去形によって未来と現在の2つの意味を表す。そしてこの2つの意味は述語の種類によって異なる。状態述語（状態動詞・名詞述語・形容詞述語）の非過去形は現在を表すが，動態動詞（動作動詞と変化動詞）の非過去形は未来を表す。そのため，動態動詞が現在の意味を表すようにするためには，状態動詞「いる」を含む「している」というアスペクト形式を用いて状態動詞化する。まとめると次のようになる。

(15)　机の上に本が<u>ある</u>。　　　　現在　状態動詞　⎫
(16)　私は学生<u>です</u>。　　　　　　現在　名詞述語　⎬状態述語
(17)　東京は賑やか<u>です</u>。　　　　現在　形容詞述語⎭
(18)　今からご飯を<u>食べる</u>。　　　未来　動態動詞
(19)　今，ご飯を<u>食べている</u>。　　現在　動態動詞のシテイル形

11）非過去形は恒常的・一般的真理を表す場合（水は100度で沸騰する。人間は必ず死ぬ。1たす1は2になる。）がある。超時・テンスレス tenseless と呼ばれることもある。

表8-7

		非過去形	過去形
状態述語		現在	過去
動態動詞	「している」形	現在	過去
動態動詞	「する」形	未来	過去

このようにテンスは，ボイス・アスペクトとは異なり，全ての述語に出現する文法カテゴリーである。

過去形が表す過去以外の意味

基本的に過去形（タ形）は全ての述語において過去というテンス的意味を表すが，過去形には，過去を表さない場合がある。

(20) 探していた傘を見つけて「あ，こんなところに<u>あった</u>。」

(21)「この辺に，薬局，ないかな？」「確か駅前に1軒<u>あったよ</u>。」

(22)「あ，明日はお母さんの誕生日<u>だった</u>。プレゼントどうしよう…」

(20)（21）は現在，（22）は未来の事態を「た」形で表している。(20)のような「た」は「発見のタ」，(21)（22）は「想起のタ」と呼ばれることがある。

(23) 子供が生まれたという電話を受け取った人に
　　　「おめでとう！　男の子？　女の子？」「女の子<u>だった</u>。」

(24) 昨日，山田先生の奥様にお会いしました。とても素敵な人<u>でした</u>。

これらは認識した時点が過去であることを表す「た」である。

(25) ひいきのサッカーチームが5点目を入れて「よし，勝った！」

事態の終了を先取りし，心理的に何かが終了したと判断する場合もある。

(26) 欲しいと言えば，買ってあげたのに。
(27)「昨日，ディズニー・シーに行ったよ。」「えー。私も行きたかった。」

これらの「た」は，過去の事実に反する事態（反事実）を表す。

(28)「ちょっと待った！」／「さっさと帰った，帰った！」

ぞんざいな命令を表す「た」もある。

動態動詞の非過去形が未来を表さない場合
　動態述語の非過去形は，次のような場合，未来ではなく現在を表す。
① 　知覚・思考
　(29) 変なにおいがする。／頭がズキズキする。／雨が降ると思う。
② 　発話現場での観察
　(30)［野球の実況］ランナー，走る。滑り込む。アウト！
　(31)［降り続く雨を見て］よく降るねぇ。／君，本当によく食べるね。
③ 　遂行動詞　Performative Verb　による発話行為[12]
　(32) 心から感謝します。／必ず行くと約束する。／開会を宣言する。
④ 　動態述語の表す事態が一回のことではなく，反復・習慣的な事態を

12) Austin, John Langshaw. *How to do things with words*. Oxford university press, 1962.

表す場合，非過去形は未来ではなく現在の反復・習慣を表す。

(33) 毎朝6時に<u>起きる</u>。このところ毎日雨が<u>降る</u>。

複文の従属節のテンス

　これまで見てきたのは文末のテンス（主節述語のテンス）であり，文末のテンスは，**発話時**を基準として，それより前に実現した出来事は過去形で表し，発話時と同時，および発話時より後で実現する出来事は非過去形で表す。このような主節末のテンスは**絶対テンス**と呼ばれる。

　しかし，文中のテンス（複文[13]の従属節のテンス）は，これらとは異なる原理で決まる。

(34) 明日，仕事が<u>終わった</u>後で，映画を見に行こう。

(35) 名前と住所を<u>書いた</u>紙はここに提出してください。

「仕事が終わる」「名前を書く」が未来の出来事であるのに過去形が使われているが，それは主節の事態「映画を見に行く」「ここに提出する」を基準にすると，「仕事が終わる」「名前を書く」はそれより前（相対的過去）に実現する出来事だからである。逆に次の例を見てみよう。

(36) 昨日，<u>寝る</u>前に，友達に電話をした。

(37) 合格者の名前を<u>書く</u>紙を先生に渡した。

「寝る」「名前を書く」が過去の出来事であるのに非過去形が使われているのは，主節の事態「電話をする」「先生に渡す」時点を基準にすると「寝る」「名前を書く」はそれより後（相対的未来）に起こる事態だからである。

---

13) 複文については次章で扱う。

　このように，複文の従属節のテンスは，**主節時**を基準とするテンスであり，**相対テンス**と呼ばれることがある。

6. ムード・モダリティ（Mood（叙）法・Modality（叙）法性）[14]

　文法カテゴリーの最後に，ムード・モダリティと呼ばれる諸形式について考える。次の文には，共通する意味と異なる意味がある。

（38）コーヒーを飲もう。　　　　（39）コーヒーを飲め。
（40）コーヒーを飲みたい。　　　（41）コーヒーを飲むだろう。
（42）コーヒーを飲むに違いない。（43）コーヒーを飲みますか。

これらに共通するのは「（誰かが）コーヒーを飲む」ことについて述べているという点であり，異なるのは，それに何らかの意味をプラスして表現している点である。例えば（38）は勧誘・意志，（39）は命令，（40）は希望・願望，（41）は推量，（42）は確信，（43）は質問，という意味が，それぞれプラスされている。そしてこれらは全て，発話者の希望・願望，勧誘・意志，命令，推量，確信，質問である。このように，文には客観的な内容・事柄（**命題**）を表す部分と，その内容に対する話し手の判断，聞き手に対する伝え方を表す部分（**ムード・モダリティ**[15]）の二つの側面を持つ。

　日本語にはモダリティを表す形式が非常に多いという特徴があり，そのため個々の形式の用法や，複数の形式の使い分けなど，まだ課題として残っているところもある。

14）ムード・モダリティの2分類に対応して，アスペクトにもアスペクチュアリティ，テンスにもテンポラリティという概念がある。
15）ムードは語の形態論的なカテゴリーとして動詞の活用形（例文38・39）に対して使用される。モダリティは，形式・意味・機能のすべてを含む文レベルの構文論的カテゴリーとして広くとらえる場合に使われ，両者は厳密には異なるが，以下，モダリティで代表させる。

表8-8　さまざまなモダリティ形式

①	文の伝達的な表し分けを表すモダリティ	表現類型のモダリティ	情報系	叙述のモダリティ	平叙	行った
					表出	行きたい
				疑問のモダリティ		行ったか
			行為系	意志のモダリティ		行こう
				勧誘のモダリティ		行こうか
				行為要求のモダリティ		行け
			感嘆のモダリティ			なんと美しい！

②	事態に対するとらえ方を表すモダリティ	評価のモダリティ	必要		行かなければならない
			許可・許容		行ってもいい
			不必要		行かなくてもいい
			不許可・不許容		行ってはいけない
		認識のモダリティ	断定		行く
			推量		行くだろう
			蓋然性	可能性	行くかもしれない
				必然性	行くに違いない
			証拠性	観察・証拠	行くらしい
				伝聞	行くそうだ
			その他	疑問形式	行くのではないか
				知覚動詞・思考動詞	行くと思う

③	先行文脈と文との関係づけを表すモダリティ	説明のモダリティ	「のだ」	行くのだ
			「わけだ」	行くわけだ
			「ものだ」	行くものだ
			「ことだ」	行くことだ

④	聞き手に対する伝え方を表すモダリティ	伝達のモダリティ	丁寧さのモダリティ		行きます
			伝達態度のモダリティ	伝達	行くよ
				認識・詠嘆	行くね
				終助詞相当の形式	行くとも

140

参考文献（読書案内）

高橋太郎，他（2005）『日本語の文法』ひつじ書房
日本語記述文法研究会
　（2009）『現代日本語文法②第3部 格と構文 第4部ヴォイス』
　（2007）『現代日本語文法③第5部アスペクト 第6部テンス 第7部肯否』
　（2003）『現代日本語文法④第8部モダリティ』くろしお出版

9 | 文法③ ―日本語文法のトピック―

前田直子

《**目標＆ポイント**》　前章まで文法，すなわち文を作るルールの諸相を見てき
たが，そこでの文は「単文」であった。だが文には「単文」のほかに「複文」
と呼ばれる文がある。この章では日本語の「複文」にはどのようなものがあ
るのかを見てみよう。次に，文法のまとめとして，日本語文法の中で最も複
雑な体系を持つ「授受表現」と，日本語文法の中で議論の多い「は」と「が」
について，その使い分けのルールを中心に整理する。
《**キーワード**》　複文，従属節の構造的分類，授受表現，「は」と「が」

1. 複文

　これまで，日本語の文がどのように作られ，さまざまな現実をどのよ
うに表現し分けられるようになっているかを見てきた。これまで見てき
た文は**単文**であり，述語を一つ持つ文である。それに対し，日本語には
複文と呼ばれる，述語を複数持つ文があり，文末の述語を含む節（まだ
文になりきっていない段階）を**主節**，主節以外で述語を持つ部分を**従属
節**と呼ぶ。

　　・朝7時に起きて，8時に朝食を食べた後，9時ごろ家を出た。
　　　　従属節　　　　　　　従属節　　　　　　主節

複文は従属節を持つ文である。したがって日本語の複文にはどのような
種類があるのかを見るには，従属節の種類を見る必要がある。

従属節の種類

　日本語の従属節は，次に来る要素や主節との意味的・機能的関係から，大きくは，補足節，名詞修飾節，副詞節，等位・並列節の4種に分けられる。補足節と名詞修飾節は，何らかの名詞的な要素が後続する**連体節**であり，副詞節と等位・並列節は，主節にかかる**連用節**である。

表9-1　従属節の分類 (1)[1]

連体節	補足節	名詞節	の・こと
		引用節	と
		疑問節	か
	名詞修飾節	内の関係	
		外の関係	内容補充修飾節
			付随名詞修飾節
			相対名詞修飾節
連用節	副詞節	条件節	順接条件節 と、ば、たら、なら
			逆接条件節 ても、のに
		原因・理由節	から、ので、ために、て[2]
		時間節	時、前、後、てから
		様態節	ながら、ように、ほど
		目的節	ために、のに、に
	等位・並列節	等位節	が、けれども、（スル）し、て[3]、連用形
		並列節	たり（〜たり）、か（〜か）

　副詞節と等位・並列節は，表に示したような**接続助詞の意味**によって分類され，分類基準もわかりやすい。よって以下では，連体節である補足節と名詞修飾節の下位分類を確認する。

---

1) 日本語記述文法研究会（2008）『現代日本語文法⑥第11部 複文』くろしお出版
2) 例「合格できて，うれしい。」
3) 例「我が家は，妻は外で仕事をして，夫は家で家事をする。」

補足節

　文の格成分を補足語・補語と呼ぶことがある。一般には主語・目的語（対象語）と言われることもあるが，そのような格成分が語ではなく述語を持つ節になったものを補足節という。

スポーツが好きだ。　　スポーツを見るのが好きだ
補足語　　　　　　　　補足節（名詞節）

【補足語と補足節】

補足節には名詞節（の・こと[4]），引用節（と），疑問節（か）がある。

　(1)　雨が降ったことに気づいた。
　(2)　雨が降っていると言った。（発話の引用）
　(3)　雨が降っていると思う。（思考の引用）
　(4)　誰が盗んだのか（は）わからない。

「の」と「こと」はどちらも用いられる場合もあるが，名詞節の「の」は，感覚・知覚動詞の対象，分裂文の主題で用いられる。

　(5)　子供たちが走っている ｛の／*こと｝ を見た。
　(6)　昨日買った ｛の／*こと｝ は，この本です。

名詞節の「こと」は，言語活動に関わる動詞の「を」格，名詞文の述語が節になる場合に用いる。

　(7)　昨日見た ｛こと／*の｝ を話してください。

---

4)「ところ」を名詞節に入れる場合もある。「犯人が逃げていくところを見た。」

(8) 私の趣味は，映画を見る ｛こと／*の｝ です。

名詞修飾節

　日本語は名詞修飾節も多彩に見られる言語であるが，基本的な名詞修飾節には2種類がある。

　一つは，述語の格成分が被修飾名詞になる場合である。

(9) 時計を買ってくれた父　　（←父が時計を買ってくれた）
(10) 父が買ってくれた時計　　（←父が時計を買ってくれた）
(11) 私が時計を贈った友達　　（←私が友達に時計を贈った）
(12) 息子が生まれた2010年　（←息子が2010年に生まれた）
(13) 父が生まれた田舎町　　　（←父が田舎町で生まれた）

　これらを**内の関係**の名詞修飾節と呼ぶ。それに対し，内の関係とは考えられないタイプがある。第一は，修飾節が被修飾名詞の内容を表す場合（内容補充節），第二は格関係や内容ではないが，修飾節と何らかの関係を持つ場合（付随名詞修飾節），第三は，被修飾名詞が相対的な名詞の場合である。

(14) 友達が中国に留学した話／外国人に日本語を教える仕事
(15) ジュースを買ったおつり／合格した嬉しさ／留学する準備
(16) 東日本大震災が起こった翌年／猫が眠っている隣

従属節のもう一つの分類

　補足節，名詞修飾節，副詞節，等位・並列節という従属節の**意味・機能による4分類**とは別に，従属節にはもう一つの分類方法がある。従属

節の内部にどのような要素が現れうるかによって従属節を分類するもの
で，従属節の**構造的分類**と呼ばれる。具体的に見ていこう。

　例えば（17）は正しいが（18）は不自然である。付帯状況・同時進行
を表す「ながら」節は，「が」格をその内部に持てないこと[5]がわかる。
しかし「を」格は内部に持てる。

　（17）ご飯を食べ<u>ながら</u>テレビを見た。
　（18）*母親がご飯を作り<u>ながら</u>，子どもはテレビを見ていた。

また次の文も正しくないことから，「ながら」節はその内部にアスペク
ト・テンスを持てないことがわかる。このようなタイプの従属節をA
類の従属節と呼ぶ[6]。

　（19）*ご飯を食べてい<u>ながら</u>，テレビを見た。
　（20）*ご飯を食べた<u>ながら</u>，テレビを見た。

原因・理由を表す「ため」節になると「が」格，アスペクト，テンスを
内部に持てる。だが，主題の「は」や推量のような判断のモダリティは
持てない。このようなタイプの従属節をB類の従属節と呼ぶ。

　（21）山田さんが来なかった<u>ため</u>，我々は出発できなかった。
　（22）*山田さんは来なかった<u>ため</u>，我々は出発できなかった。
　（23）*山田さんはすぐ来るだろう<u>ため</u>，そうしたら出発しよう。

5）主節の「が」格が，同時に「ながら」節の「が」格と解釈される。
6）南不二男（1974）『現代日本語の構造』大修館書店

「から」節になると，主題の「は」も推量のモダリティも内部に持てる。だが終助詞のような伝達のモダリティはその内部に持てない[7]。このようなタイプの従属節をC類の従属節と呼ぶ。

(24) 山田さんはすぐ来るだろう<u>から</u>，そうしたら出発しよう。

(25) 山田さんは忙しいのだ<u>から</u>，来られないだろう。

(26) *山田さんは忙しいね<u>から</u>，代わりに奥さんが来るだろう。

文（主節）には「が」格や主題，あるいはアスペクト，テンス，モダリティといった文法カテゴリーが出現するが，従属節には全てが出現するわけではなく，大きくA・B・Cの3段階に分けられる。すなわち従属節には，文に近く，独立度が高い（従属度が低い）ものから，文とは異なり，独立度が低い（従属度が高い）ものがある，ということがわかり，これを図示すると次のようになる。

表9-2　従属節の構造的分類

独立度　低い ◄─────────► 高い
従属度　高い ◄─────────► 低い

助詞	文法カテゴリー	A類	B類	C類
		「ながら」	「ため」	「から」
を	ボイス	○	○	○
が	アスペクト・テンス	×	○	○
は	判断のモダリティ	×	×	○

---

7)「ね」のような伝達のモダリティ形式が出現するのは，引用節のみである。例：山田さんは忙しいねと言った。

2. 授受表現

　日本語の文法の中で最も難しいものは何かと問われたら，間違いなく「授受表現」であると答えることができる。日本語の授受表現の体系は世界の他の言語にはない複雑さを持っている。

日本語の授受表現の特殊性

　授受（やりもらい）とは物の所有権がAさんからBさんに移動することであり，このような表現は世界中の全ての言語が持っていると考えられる。その中で日本語の授受表現の特殊性とは何か。それは授受動詞が3系統（あげる・くれる・もらう）あること，Give動詞，すなわち与え手が主語になる動詞に「あげる」と「くれる」の2つがあることである。「あげる」は「話し手（私）が誰かに与える」という遠心的なGive動詞であり，「くれる」は「誰かが話し手（私）に与える」という求心的なGive動詞である。日本語にはGive動詞が2つあるため，Receive動詞1つと合わせて授受動詞が3系統になっているのである。

　授受動詞が3系統（あげる・くれる・もらう）ある言語，Give動詞にこのような2種があり，授受動詞が3系統をなす言語は，世界の諸言語の中でも日本語だけであると言われている。このため，授受表現は母語にかかわらず，全ての日本語学習者にとって習得が困難な項目であるこ

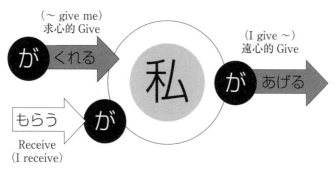

図9-1　基本3授受動詞

148

とがわかる[8]。

表9-3　世界の授受動詞の体系

	物の授受			行為の授受		
	Give		Receive	Give		Receive
	あげる	くれる	もらう	てあげる	てくれる	てもらう
日本語（東京語など）	X	Y	Z	X	Y	Z
カザフ語	X		Z	X		Z
モンゴル語	X		Z	X		特別な語形
朝鮮語 ヒンディ語	X		Z	X		
英語	X		Z			
サンスクリット語	X		X＋接辞			
サモア語 チベット語	X					

それだけではない。**表9-3**にもあるように，日本語の授受動詞は，本動詞（物の授受）の用法と補助動詞（行為の授受）の用法の両方をすべて持つ。さらに3系統の授受動詞にはそれぞれ敬語形式があり，「あげる」にはさらにもう一つ，下向き待遇の「やる」がある。よって，授受動詞には7動詞があり，そのすべてが本動詞・補助動詞の用法を持つということになる。

8）山田敏弘（2004）『日本語のベネファクティブ　－「てやる」「てくれる」「てもらう」の文法』明治書院　p.340, p.354を改変。

表9-4 日本語の7授受動詞

主語	与え手		受け手
視点（私）	与え手	受け手	
上向き待遇	さしあげる	くださる	いただく
基本動詞	あげる^{注)}	くれる	もらう
下向き待遇	やる		

注）歴史的には，「やる」が基本動詞で「あげる」はその敬語形だったが，敬意漸減（第12章4節）の結果，ともに待遇価値を低下させ，「やる」は下向き待遇と見るべきところまで落ちた。

　授受動詞の中で特異なのは「くれる」である。**表9-4**に示されているように「あげる」と「もらう」は主語と視点が一致しているのに対し「くれる」は主語と視点がずれる。この「くれる」の存在が日本語の授受表現を難しくしている。

　このように，日本語は「授受表現が高度に発達した」言語である。

3. 「は」と「が」

　現代日本語の文法に関心を持つ人なら，一度は「は」と「が」はどう違うのかという問題に接したことがあるだろう。「は」と「が」の違いについては，まだよくわからないところや十分に説明がなされていないところもあるが，だいぶいろいろなこともわかってきている。文法の章の最後に，この問題を取り上げよう。

「は」と「が」は全く別のもの

　「は」と「が」の違いを考える際に最も重要で本質的なことは，「は」と「が」は本来全く別のものだということである。どちらも品詞は助詞であるが，「が」は格助詞であり，「は」は古典文法では係助詞，現代語の文法では副助詞・とりたて助詞の一つである。格助詞とは，述語が必要とする成分であった。例えば「作る」であれば，作る人と作られるも

のが必要になる。その時，作る人には「が」，作られるものには「を」を付ける。時間や場所を表す付随成分が文に加わることもある。

(27) 昨日，先生のお宅で，友達がちらし寿司を作った。

この段階では「は」は必要がなく，格助詞があればよい。ところがこの中のどれかの成分を「主題」に換えるとする。その時「は」が用いられ，主題にしたい成分に「は」を付ける[9]。主題は，文頭に来るほうが落ち着くので，多くの場合，移動が起こる。例えば (27) で「友達」が主題となると，次のようになる。このようなプロセスを**主題化**と呼ぶ。

　　　　　　　は，昨日，先生のお宅で，友達がちらし寿司を作った。

⇒　友達は，昨日，先生のお宅で，ちらし寿司を作った。

【主題化】

また (27) からは，「ちらし寿司」「昨日」「先生のお宅」も主題になれる。

(28) ちらし寿司は，昨日，先生のお宅で，友達が作った。

(29) 昨日は，先生のお宅で，友達がちらし寿司を作った。

(30) 先生のお宅では，昨日，友達がちらし寿司を作った。

格助詞は文の核（基本構造）を構成する要素となる名詞につき，その名詞と述語との関係を示すもので，「が」はその一つである。一方「は」

---

9) 格助詞のうち「が・を」は「は」と交代する。「へ・と・で・より・から・まで」には「は」が助詞に後続し，「へは・とは」のようになる。「に」は両方の場合がある。

は，それらの要素のうち主題になったものに付けられる助詞である。このように「は」と「が」の働きは全く別のものである。

「は」と「が」の使い分け

　だが，全く別のものであるといっても，両者はよく似た環境に出現し，その使い分けが問題になる。ある文を作った時に「は」を使うべきか「が」を使うべきか，両方使える場合にどのような違いがあるのかは，日本語学習者だけでなく，時には母語話者も疑問に持つ問題である。

　このような「は」と「が」の使い分けは，次のように説明される[10]。

表9-5　「は」と「が」の使い分け

無題文	主題を持てない				A	が
	主題を持てる	主題を持たない（現象描写文）			B	が
有題文		主題を持つ（判断文）	一つの格成分のみ主題	顕題文	C	は
			述語が主題に含まれる	主題が明示	D	は
				主題が暗示	陰題文	E	が

例文

	名詞述語文	動詞述語文
A	山田が犯人であることを知らなかった。	ピカソがこの絵を描いたことを知らなかった。
B	・信号が赤だよ。 ・あれっ？　食堂が休みだ。[11]	・壁にピカソの絵がある。 ・[写真を見て]あ，ピカソが写ってる！
C	山田は犯人だ。	ピカソはこの絵を描いた。
D	犯人は山田だ。	この絵を描いたのはピカソだ。
E	山田が犯人だ。	ピカソがこの絵を描いた。

　以下，順に見て行こう。

10）野田尚史（1996）『「は」と「が」』くろしお出版,p.113を参照。

11）名詞述語文の現象描写文は稀である。cf.砂川有里子（2005）『文法と談話の接点』くろしお出版

A 「主題を持てない」場合

「私」という名詞は，最も主題になりやすい名詞であるが，にもかかわらず次のような場合，「私は」とすることはできない。

(31) 私が作った料理を父 ｛は・が｝ おいしいと言ってくれた。

連体修飾節のようなB類の従属節に「は」は入らないからである。従属節でもC類の従属節であれば，「は」は出現する。

(32) 私は一生懸命料理を作ったが，父はまずいと言った。

「は」は文のレベルの要素であり，文末まで係るため，文末まで係らないようにする場合（すなわち，従属節までにとどめる場合）は，「が」を用いなければならない。そのため次の2文は意味が異なる[12]。

(33) 息子が好きなケーキを買った。
(34) 息子は好きなケーキを買った。

B 「主題を持たない」場合

従属節でなく文のレベルになれば「は」も「が」も用いることができるが，「は」を用いない場合がある。次のように，眼前の現象をそのまま表現した文（**現象描写文**）では「は」は使われない。現象描写文では文全体が**新情報**になり，旧情報を示す「は」は出現しない。

(35)［窓の外を見て］あ，雨が降っている。
(36) 見て，空が真っ黒だ！　何かあったのかな。

---

12) この2文は買った人物が異なる。(34) では「買った」のは息子になるが，これは「は」が文末まで係るからである。(33) では「買った」のは息子以外という解釈も可能である。

　主題が存在しないこれらの文を**無題文**[13)]と呼ぶ。それに対して，次に見るC・Dの文は全て「は」を持つ**有題文**である。

C「一つの格成分が主題」になる場合

　「は」を持つ有題文の中でもっとも一般的なのは，文の格成分の一つが主題化され，主題になった場合である。例えば次の（37）は「が」格，（38）は「に」格，（39）は「を」格がそれぞれ主題化されている。

　（37）山田さん<u>は</u>鈴木さんにこの本をプレゼントした。
　（38）鈴木さん<u>には</u>山田さんがこの本をプレゼントした。
　（39）この本<u>は</u>山田さんが鈴木さんにプレゼントした。

このように主題の「は」を伴う文を**判断文**という。判断文の主題は旧情報を表す。では次の2文は何が違うのだろうか。

　（40）山田さん<u>は</u>昨日，交通事故にあった。
　（41）山田さん<u>が</u>昨日，交通事故にあった。

（40）は，「山田さん」が主題であり，既に山田さんのことを話している文脈（すなわち「山田さん」が旧情報）で「山田さん」について新しい情報（昨日，交通事故にあった）を聞き手に伝えている。（42）のような名詞述語文も同様であり，一般に名詞述語文は判断文になりやすい。

　（42）山田さん<u>は</u>調理師だ[14)]。

---

13) 厳密にいえば，Aは主題が存在しても文法的に「は」が許されないということなので，無題文というより，「（B類の従属節は）無題になる」というほうが正確である。

14) このように「が」格が主題化された（名詞述語）文を**措定文**と呼ぶ。

158

それに対し（41）は，「山田さん」も「交通事故にあった（こと）」も新情報であり，文全体が新情報になっている。

D「述語が主題に含まれる」場合で「主題が明示」される場合

　主題となるものが一つの格成分ではない場合，すなわち格成分の一つが新情報で，残る他の格成分と述語が主題（旧情報）となる場合がある。例えば「山田さんがちらし寿司を作った」において「ちらし寿司」のみが新情報であることを述べる場合，すなわち「山田さんは何を作ったんですか？」という質問に対する回答は，次のように2通りある[15]。

（43）山田さんが作ったの<u>は</u>ちらし寿司だ。
（44）山田さん<u>は</u>ちらし寿司を作った（んです）。

（43）は，旧情報をすべて文頭に移動し，「〜のは」という形にすることによって，述語「作った」が主題の中に入ることを明示する方法である[16]。もう一つは，（44）のように，旧情報の中の格成分「山田さん」だけを主題化する方法で，この場合，述語は「のだ」を伴うことが多い。

E「述語が主題に含まれる」場合で「主題が暗示」される場合

　「が」格成分が新情報で，その他の成分が旧情報である場合，例えば「山田さんがちらし寿司を作った」において，「ちらし寿司を作った」が

---

15) 旧情報は省略されるので，次のような回答も可能である。
「誰がこのちらし寿司を作ったの？」「山田さんだ。」
主題を表す「は」は旧情報であるために省略される場合もある。新情報は旧情報よりも相対的に情報的価値が高く，省略することはできない。

16) このように「（旧情報）のは（新情報）だ。」という文は**分裂文**（cleft-sentence）と呼ばれる。

旧情報で「山田さん」が新情報である場合を考えてみよう。具体的には「誰がちらし寿司を作ったんですか？」という質問に対する答えを作る場合で，この場合には，Dで見た2通りに加え，もう一つ方法がある。

(45)　ちらし寿司を作った<u>の</u>は山田さんだ。　　　…D
(46)　ちらし寿司<u>は</u>山田さんが作った（んです）。　…D
(47)　山田さん<u>が</u>ちらし寿司を作った（んです）。　…E

(45)(46)が「は」を持つ有題文（**顕題文**）であるのに対し，(47)には「は」が存在しない。にもかかわらず(45)(46)と同じ文脈で使用することができる。つまり(47)は一見，無題文に見えるが，主題が隠れている**陰題文**と呼ばれる有題文の一種である[17]。「山田さん」を「が」によって新情報として示し，結果的に「ちらし寿司を作った」が旧情報であるということを暗示しているのである。次のような名詞述語文の場合も同様である。

・「この中に調理師さんがいると聞いたんですが，どなたですか？」
　→　調理師<u>は</u>山田さんです。（顕題文）　　…D
　→　山田さん<u>が</u>調理師です。（陰題文）[18]　…E

---

17)「が格」の文が必ず陰題文になるわけではなく，(41)のような現象描写文（すなわち文全体が新情報）の場合もある。陰題文と解釈されるのは，文脈上，述語部分が旧情報であることが明確な場合（例えば質問文によって），あるいは場面上，主題となっている状況が眼前にあり，旧情報であることが明確な場合，などである。
18)「が」格が主題化されず，「が」のまま残る（名詞述語）文は**指定文**とも呼ばれる。

対比と排他

　「は」と「が」にはそれぞれとりたて助詞的な意味がある。「は」のとりたて的な意味とは，「ほかのものと**対比**する」という意味である。例えば次の文では，「中国語」と「英語」が対比されている。

　（48）中国語<u>は</u>好きですが，英語<u>は</u>あまり得意ではありません。

「が」には「他のものを排除する」という**排他**の意味がある。例えば（49）は「一番好き」なものは「中国語」だけであるという意味になる。また（50）は「山田さんと鈴木さん」以外の人は来なかったという意味になる。

　（49）中国語<u>が</u>一番好きです。
　（50）昨日の説明会には，山田さんと鈴木さん<u>が</u>来ました。

参考文献（読書案内）

野田尚史（1996）『「は」と「が」』くろしお出版
日本語記述文法研究会（2008）『現代日本語文法⑥第11部 複文』くろしお出版

10 | 文法史 ―形態・統語変化を中心に―

衣畑智秀

《**目標&ポイント**》 文法の歴史変化の事例として，動詞活用の変化，助詞
「が」の発達，係り結びについて解説する。動詞活用の変化を理解するには，
二段活用と一段活用の関係が重要になる。助詞「が」は連体形を承ける「が」
によって，主格用法や接続助詞用法が発達したことを述べる。係り結びは古
典語を特徴づける構文であったが，その衰退には日本語の文構造が関係して
いる。
《**キーワード**》 二段活用の一段化，子音語幹動詞，母音語幹動詞，格助詞，
接続助詞，係り結び

1. はじめに

　言語の歴史を見る方法として，各時代の共時的な体系を記述してその
歴史とするという方法も考えられる。従来の日本語学の概説書における
文法の歴史の説明は，この方法が採られることが少なくなかった。しか
し，各時代の文法記述はどうしても限定的にならざるをえないし，ある
時代の共時的に興味深い現象に，必ずしも興味深い歴史変化が起こると
は限らない。また，この方法では，実際に起こっている変化の過程が見
えにくいというデメリットもある。そこで本章では，文法の歴史をト
ピックに分けて見ていく。特に，取り上げる項目を形態論，統語論に絞
り，前者については動詞活用の変化，後者については助詞「が」の変化
と係り結びについて見ていく。これらのテーマについて，実際の変化過
程を示すとともに，なぜ変化が起きたのかについても踏み込んで考えて

みたい[1]。

2. 動詞活用の変化

　高等学校で習う古典文法（以下「学校文法」）には，カ変，サ変，ナ変，ラ変の四つの変格活用に加え，四段，上一段，上二段，下一段，下二段の五つの規則的な活用の種類があった。変格以外の活用を示すと**表10-1**のようになる。

表10-1：学校文法における活用

種類	例語	語幹	未然形	連用形	終止形	連体形	已然形	命令形
四段	書く	か	か	き	く	く	け	け
上一段	見る	（み）	み	み	みる	みる	みれ	みよ
上二段	起く	お	き	き	く	くる	くれ	きよ
下一段	蹴る	（け）	け	け	ける	ける	けれ	けよ
下二段	捨つ	す	て	て	つ	つる	つれ	てよ

　変格活用は，基本的に上の規則活用からの類推と解釈でき（たとえばナ変は四段と二段の混合パタン），語の個別的な問題であるため，活用の体系的な変化を考えることを目的とする本章では触れない。
　上の五つの活用の種類が，口語文法では五段，上一段，下一段の三つになる。このうち四段から五段への変化は，意志・推量を表す「書かむ」が「書かう」を経て「書こう」になったためであり，特定の接辞の変化（-(a)mu ＞ -oo）に過ぎない。むしろ，活用体系の大きな変化は，一・二段活用に起きており，それは終止形と連体形の合流と二段活用の一段化によって特徴づけられる。

---

1) 本章の内容は，衣畑（2019）に基づく。

　まず，**終止形と連体形の合流**は，表10-1から上二段，下二段活用に
はっきり現れることが分かる。他の活用では終止形と連体形は元々同形
だからである。この変化は，連体形が終止形の機能を兼ね備えることに
より起こったが，奈良時代から連体形が文の終止に使われる（**連体形終
止法**）ことはあった。

(1)　a．ほととぎす何の心そ橘の玉貫く月し来鳴き<u>とよむる</u>　万葉3912
　　　b．み空行く月の光にただ一目相見し人の夢にし<u>見ゆる</u>　万葉710

しかし，これらの連体形終止法は，感動を表す文の一種として捉えられ
る特殊な終止用法であり，山内（2003）によると『万葉集』に僅か20
例ほどである。
　この連体形終止法は平安時代になると，より広く用いられるようにな
り（**連体形終止法の一般化**），山内（2003）によると院政期の『今昔物
語集』には357の用例が見られる。

(2)　a．猶僧ノ体ヲ見ルニ，貴ク<u>見ユル</u>。　　　　　　今昔11-28
　　　b．窃ニ<u>出</u>ルト思ヒ<u>ツ</u>ルニ，人ノ見ケルヲ不知ズシテ。　今昔14-37
(3)　我が父の作りたる麦の花の散りて実の入らざらん思ふが<u>わびしき</u>。
　　　　　　　　　　　　　　　　　　　　　　　　　　　宇治拾遺1-13

この変化は（3）のように形容詞にも起き，その結果，現代語では形容
動詞（ナ形容詞）を除いて終止と連体は形態的に区別されなくなった。
　二段活用の一段化は，まず，奈良時代に上二段活用であった「乾」が
平安時代に「乾る」へと変化し，「ひる」「ゐる」「きる」「にる」「みる」
が一段活用動詞となったが，他の語については室町時代までは体系的な

一段化は起こらなかった。たとえば，ジョアン・ロドリゲス（1561-1633）は『日本大文典』の中で，下二段の一段化が「関東」と「都の一部の者」にだけ見られることを記している（p.29）。しかし，江戸時代に入るとこの状況に変化が生まれる。奥村（1990）には，江戸時代前期と後期の上方資料を用いて一段化の様相が示されているが，会話文の（受身や使役の接辞を除く）自立語では，前期で既に半数以上，後期では9割以上が一段化して用いられている（平安時代に既に一段動詞であったものは除く）。次に一段化している例を近松門左衛門の世話浄瑠璃から挙げる。

(4)　a．こち夫婦が了簡で，今宵の命を<u>助ける</u>　　　　　心中万年草
　　　b．親の子を<u>ほめる</u>はいやらしけれど　　　　　鑓の権三重帷子
　　　c．あちらが<u>落ちれ</u>ばこちらも<u>落ちる</u>　　山崎与次兵衛寿の門松
　　　d．こちもこれで二度起きた。ま一度<u>起きる</u>は定のもの　生玉心中

　では，なぜ二段活用は一段化したのだろうか。そのことを考えるためにまず，一段活用とはどのような活用であるかを考えてみたい。表10-1には学校文法による上一段，下一段の活用を挙げたが，それを見ると，「みる」の「み」，「ける」の「け」は変化していないことが分かる。これを語幹として書き直せば，一段活用に「上」や「下」は関係なく，同じ活用であることが分かる（終止形と連体形の合流が起こった形で示す）。

表10-2：「一段活用」

種類	例語	語幹	未然形	連用形	終止連体形	已然形	命令形
（上）一段	見る	み			る	れ	よ
（下）一段	蹴る	け			る	れ	よ

このように，「上」「下」が語幹の種類（「み（る）」のようにiで終わるか，「け（る）」のようにeで終わるか）であるとすると，「上二段」と「下二段」の「上」「下」も活用の種類ではなく，語幹の違いであると考えることもできよう。そこで，二段活用も，一段活用と同じく「おき／おく」や「すて／すつ」までが語幹であると考えてみよう。すると，二段活用は，二種類の語幹を持つ以外は，一段活用と同じ活用をしていると考えることができる。

表10-3：「二段」と「一段」

種類	例語	語幹	未然形	連用形	終止連体形	已然形	命令形
二段	起く	おき／おく			る	れ	よ
一段	起きる	おき			る	れ	よ

二段活用は体系的に一段活用に合流しており，二段と一段は同じ活用のバリアントと見なすことが妥当である[2]。よって，一段化とは，二種類ある語幹（おき／おく）を一種類（おき）に統一する単純化と考えられる。

それではなぜ，活用には，五段（四段）と一・二段という二種類の活用しかないのだろうか。これには，**子音語幹動詞**，**母音語幹動詞**という考え方が答えを与えてくれる（第7章3節）。語形を音素表記し，語形変化しない部分を語幹とすると，五段で語幹となるのは子音部分までであることが分かる。また，語幹として共通部分を括りだすように，接辞の共通部分を括りだすと，活用表は**表10-4**のように書くことができる。

---

2) 一段活用と二段活用が同じ活用であるということは，平安時代におけるこれらの分布からも支持される。すなわち，一段活用は「ひる」「ゐる」「きる」のように語幹末がi（いわゆる「上」）で一音節の語幹，二段活用はそれ以外といったように，両者は相補分布しているのである。この例外としては，「蹴る」があるが，平安時代の「ける」（終止形）は『落窪物語』（巻2）にしか見えず，古来は「くゑ（る）」（あるいは二段の「くう」）であったはずで不審である（詳しくは山内2003：I-2章）。また「蹴る」は後代に五段化（子音語幹化）しており，この点でも体系的な変化からは例外として扱った方が良さそうである。

表10-4：子音語幹と母音語幹

種類	例語	語幹	否定 zu	接続 te	終止連体 u	条件 eba	命令 e/o
子音語幹	書く	kak	a	i			
母音語幹1	見る	mi			r	r	y
母音語幹2	起く	oki/oku			r	r	y

　表10-4の活用部をよく観察すると，子音終わりの語幹に子音始まりの接辞が続く場合には母音（連結母音と言う）が，母音終わりの語幹に母音始まりの接辞が続く場合には子音（連結子音と言う）が出現している。このように子音と母音の組み合わせ方により活用が異なるため，活用の種類は大きく二種類しかないのである。

3. 主格助詞「が」の発達

　現代日本語では，格助詞の「が」は主に主語を表す**主格**，「の」は所有などを表す**属格**とその機能が明確に分かれている。しかし，古典語では，どちらの助詞も主格と属格の両方の用法を持っていた。

(5) a. 家に行きていかにか我が<u>が</u>せむ（主格）　　　　　万葉891
　　 b. うぐひすの待ちかてにせし梅<u>が</u>花（属格）　　　　万葉845
　　 c. 見放けむ山を心なく雲<u>の</u>隠さふべしや（主格）　　万葉18
　　 d. いざ野に行かな萩<u>の</u>花見に（属格）　　　　　　　万葉2103

このことから，現代語の「が」と「の」は，それぞれその機能を縮小させたように見えるが，古典語の「が」「の」による主格用法には一定の制約があり，歴史変化の中では「が」はむしろ主格の用法を発達させている。

　上代語（奈良時代）に見られる主格の「が」「の」は，主節で使用されることが少なく，此島（1966）によると，『万葉集』で7割近く（67.4％）が名詞修飾節やある種の名詞化された節の中で使われている。(6a) は「秋萩」を修飾する節であり，(6b) は連体形による準体法，(6c) はク語法によって名詞化された節である。それぞれ「赤駒が出発をしぶったこと」「私が恋い焦がれていること」のような内容節として解釈される。(6d) は主節だが，名詞化接辞サによって文全体が名詞化された節である（例は「が」で代表）。

(6)　a．［我が背子が植ゑし］秋萩花咲きにけり　　　　　万葉2119

　　　b．［赤駒が門出をしつつ出でかてにせし］を見立てし　万葉3534

　　　c．［君を思ひ我が恋ひまく］は…避くる日もあらじ　万葉3683

　　　d．［漕ぐ舟人を見るがともしさ］　　　　　　　　　万葉3658

さらに2割は (7) のような条件節を含む，従属節の中で使われる。

(7)　［たらちねの母が問はさば］風と申さむ　　　　　　　万葉2364

主節で使われる場合には (8a) のような連体形終止法（前節）の場合もあるが，(8b) のように係り結び（次節）とともに使われることが多い。いずれにしろ，「が」「の」は連体形で終わる節の中にあることになる。

(8)　a．梅の花散り過ぐるまで［君が来まさぬ］　　　　　万葉4497

　　　b．いづち向きてか［我が別るらむ］　　　　　　　　万葉887

このように，上代語の「が」「の」は，連体形により名詞化された節や

従属節などで使われるという制約があった[3]。

　では，通常の終止形で終わる主節では主語はどのように標示されていたのだろうか。『万葉集』からは，係助詞の他に，以下のような助詞の無い例（**無助詞**，∅で表す）が豊富に得られる。

(9)　a．我が背子が植ゑし秋萩花∅咲きにけり　　　　　万葉2119
　　　b．滝の上の浅野の雉∅明けぬとし立ち騒くらし　　万葉388
　　　c．海人娘子∅棚なし小船漕ぎ出らし　　　　　　　万葉930

　よって，「が」による主格の発達は，このような無助詞による主語標示にとって代わっていったと見ることができよう。平安時代でも「が」「の」はほぼ奈良時代と同じ環境に現れていたが，鎌倉時代から室町時代にかけて，「が」は主格としての用法を発達させた。1592年に刊行された『天草版平家物語』と，その「原拠本」とされる文語の『平家物語』（覚一本・百二十句本）を比べた山田（2010：4章3節）によると，「原拠本」で無助詞の主節主語に『天草版』で「が」が付されている例が84例見られるという。

(10)　a．北条是ヲ見テ，子細∅アリ。　　　　　　百二十句平家118
　　　 b．北条これを見て子細<u>が</u>ある。　　　　　天草平家4-26
(11)　a．子魁ニハ，大地∅必打チカヘルベシ　　　百二十句平家113
　　　 b．子の刻ばかりにわ，大地<u>が</u>必ずうち返らうずる　天草平家4-22

---

3) 古典語における「が」と「の」の相違は上接する語や句にあった。まず，「の」は（6d）のように連体形を承けることができなかった。この点は後述するように，「が」と「の」の主格用法の発達に大きな違いを生むことになる。また，「が」は代名詞や指示詞など指示的な名詞を中心に承けるのに対し，「の」は普通名詞一般を承けることができた。このような上接語による「が」と「の」の使い分けは，現在でも琉球列島の諸方言などに強くその傾向が見られる。

さらに、『天草版平家物語』では1.5倍ほどであった無助詞に対する「が」の割合が、1642年に書写された『大蔵虎明本狂言集』では13倍に達し、(10) (11) のような自動詞の主語だけでなく、次のような他動詞の主語を標示する例も見られるようになる（山田 2010：4章4節）。

(12) a. 「いやそなた達<u>が</u>、れうじをおしやるといふ事ではなひ」
　　　　　　　　　　　　　　　　　　　　　　　　虎明・目近籠骨
　　　b. いかにおうぢご、孫共<u>が</u>お見廻にまいつた。　　虎明・財宝

　それではこのような主格助詞「が」の発達はどのようにして起こったのだろうか。一般には、連体形終止法の一般化（前節）によって、連体形の節の中で使われていた「が」が主節でも使われるようになったと考えられている。しかし、それならば、同じく連体形節内で使われていた「の」も主格として発達してよいだろう。此島（1966）では、平安時代の主格「が」について、(13) のように連体形を承ける例が急増していることを指摘し、これが主格「が」の発達に関係したと考えている（p.51）。

(13) a. この受領どもの、おもしろき家造り好む<u>が</u>、この宮の木立
　　　　を心につけて、　　　　　　　　　　　　　　　源氏・蓬生
　　　b. いはまほしきこともえいはず、せまほしきこともえせずな
　　　　どある<u>が</u>、わびしうもあるかな　　　　　　更級日記
　　　c. 大尼君の孫の紀伊守なりける<u>が</u>、このころ上りて来たり。
　　　　　　　　　　　　　　　　　　　　　　　　　源氏・手習

　さらに野村（1996）では、連体形を承ける主格「が」が終止形述語に

係る（13c）のような例が，院政・鎌倉時代に急増し（例（14）），連体形に助詞が付かず主語を表す（15）のような例を圧倒することを明らかにしている。

(14) a．頂禿げたる大童子<u>の</u>，…重らかにも見えぬ<u>が</u>，この鮭の馬の中に走り入りにけり。　　　　　　　　宇治拾遺1-15

　　 b．隆源といふ人，歌よみなる<u>が</u>来たり。　　宇治拾遺3-10

(15) a．畳紙の手習などしたる∅，御几帳のもとに落ちたりけり。

　　　　　　　　　　　　　　　　　　　　　　　源氏・賢木

　　 b．なでふことなき人のすさまじき顔したる，直衣着て太刀佩きたる∅あり。　　　　　　　　　　　　　　源氏・東屋

（15）では述語が連続し，一見どこが主節の主語なのかが分かりにくい。このような問題を解決するために，「が」によって主語を明確にする欲求が生じ，「が」の使用が連体形節内という制約から解放されていったのだろう。このように，主格「が」の発達は，連体形終止法の広まりとは独立に起こったと見られる。また，「の」が主格として発達しなかったことも，古典語の「の」が自由に連体形を承けられなかったこと（注3参照）から説明することができる[4]。

---

4) 属格の「が」は，「我が家」のような固定的な表現を除き，現代共通語ではほとんど使われないが，主格の「の」の方は名詞修飾節でまだ使われている。「太郎｛が／の｝買った本」のようないわゆる「が／の交替」として論じられる現象がそれである。また，方言を見ると，属格「が」，主格「の」は琉球諸方言はもとより，本土諸方言でも使われている。『方言文法全国地図』によると属格「が」が西南九州や北関東に（13〜15図），主格「の」は九州北西部や静岡から山梨にかけて残っている（1〜5図）。

4. 格助詞「が」の接続助詞化

　「が」の主格用法を発達させた連体形を承ける「が」は，接続助詞の「が」も生み出した（石垣 1955）。ただし，『源氏物語』まではまだ明確な接続助詞と見られる「が」はなく，例えば，(13a) でも「が」は，「この受領ども」を**主要部**（句の中心）とする名詞句（つまり，「おもしろき家造り好むこの受領ども」）を取って，「この宮の木立を心につけて」の主語を示していると見られる。また有名な『源氏物語』の冒頭（桐壷）も，「格別優れた身分でもない（人）」が「大変寵愛される」に対して主述の関係にあると解釈できる。

(16) ［いとやむごとなき際にはあらぬが，すぐれて時めきたまふ］ありけり。

　『源氏物語』には主要部が (13a) のように同格と言われる「の」（「受領で風流な家を好む者」）ではなく，「は」や「も」で示されることがあり，その場合は「が」の前が独立した文のように感じられる。

(17) a．むすめの尼君は，上達部の北の方にてありけるが，…むすめただ一人をいみじくかしづきて，　　　　　　　源氏・手習
　　 b．御調度どもも，いと古代に馴れたるが昔様にてうるはしきを，
　　　　　　　　　　　　　　　　　　　　　　　　　　　源氏・蓬生

しかし，これらも「が」の後に別の主語が現れるわけではなく，「（上達部の北の方だった）尼君が娘一人を大変可愛がって」「（使い古した）御調度が昔風で立派だ」のように「が」が主格と見なされる。

これに対し，院政・鎌倉時代になると，「が」の後に別の主語が現れ，主格とは見なせない例が現れる。(18a) は「が」の前の主語「子二人」が，「が」の後で「此ノ子共ノ」として述べ直されている例，(18b) は，後件の主語（男）が「が」の前にはない例である。

(18) a. <u>子二人ハ</u>家ヲ衛別（カクミワ）ケテ居タリケル<u>ガ</u>，<u>此ノ子共ノ</u>山ヨリ返
来タルニ，　　　　　　　　　　　　　　　　　今昔 27-23
   b. <u>女</u>，「糸喜シ」ト云テ行キケル<u>ガ</u>，怪ク此ノ女ノ気，怖シキ
様ニ（男ハ）思エケレドモ　　　　　　　　　　今昔 27-20

格助詞である (17a) と，接続助詞である (18a) の類似性は明らかだろう。先行する名詞句「むすめの尼君」が「が」の取る節の主要部となり，後に続く述語の主語と解釈されれば「が」は**格助詞**である。他方，「が」の後に別の主語が現れ（あるいは想定され）れば，「が」は単に文を承ける**接続助詞**である。よって，格助詞の接続助詞化は，本来名詞句を取っていた「が」が，文を取っていると解釈されて起こったと言えよう。

格助詞の接続助詞化は「を」や「に」にも起こっており（近藤2000：8章），日本語では名詞句が文として解釈されやすいことを示している。

(19) 更衣のほどなどもいまめかしき<u>を</u>，まして祭のころは，おほかたの空のけしき心地よげなる<u>に</u>，前斎院はつれづれとながめたまふ<u>を</u>，前なる桂の下風なつかしきにつけても，若き人々は思ひ出づることどもある<u>に</u>，大殿より…とぶらひきこえさせたまへり。　　　　　　　　　　　　　　　　　源氏・少女

5. 係り結び

古典語には現代共通語にはない**係り結び**と言われる構文があった。学校文法で，文中に「ぞ」「なむ」「や」「か」があれば連体形で，「こそ」があれば已然形で結ぶと教わる構文である。

(20) a. 大臣，上達部を召して，「いづれの山<u>か</u>天に<u>近き</u>」と問はせたまふに，ある人奏す，「駿河の国にあるなる山<u>なむ</u>，この都も近く，天も近く<u>はべる</u>」と奏す。　　　　　　竹取

　　 b. 「右近<u>ぞ</u>見知り<u>たる</u>。呼べ」　　　　　　　　　　枕草子

　　 c. 母屋の中柱に側める人<u>や</u>わが心<u>かくる</u>　　　源氏・空蝉

　　 d. 落窪の君に<u>なむ</u>取らせ<u>たりける</u>を，「今は世になくなりにたれば，我<u>こそ</u>領<u>ぜめ</u>」　　　　　　　　　　　　　　落窪2

また，学校文法では，「ぞ」「なむ」「こそ」は「強意（強調）」を，「か」「や」は「疑問・反語」を表すとされる。「疑問・反語」は，例えば（20a）の「か」ならば「どの山が天に近いか？」，（20c）ならば「中柱の傍にいる人が，私の気にかかる人か？」といった「か」「や」の用いられる文のタイプのことである。それに対し，「ぞ」「なむ」「こそ」が用いられる文は基本的に平叙文であり，「強意」は文のタイプではない。では，「ぞ」「なむ」「こそ」を用いることによって何を強調しているのだろうか。（20a）では，「なむ」は疑問文の疑問詞（を含む句）の位置に対応して用いられている。情報構造のこのような位置を**焦点**と言う。（20b）や（20d）も，明確な疑問文との対応こそないものの，（20b）は「翁まろ」という犬のことを人々が知らないという前提での発話，（20d）は屋敷の所有を問題にしている文脈での発話であり，いずれも係助詞の

付いた「右近」「我」が焦点と解釈できる。中には何が焦点かが分かりにくい例もあるが，既に対話で受け入れられている前提部分をことさら強調することが不自然であることを思えば，「ぞ」「なむ」「こそ」は焦点を示すと考えても間違いではないだろう。

　平安時代には，「ぞ」「なむ」「や」「か」「こそ」という五つの係助詞が用いられたが，このうち，連体形で結ぶ係り結びは鎌倉から室町時代の間に大きく衰退する。院政・鎌倉時代の説話集である『今昔物語集』（1106〜20年）や『宇治拾遺物語』（1242〜52年）では，依然としてこれらの助詞は使われている。

（21）a．その密男，今宵なん逢はんと構ふる　　　　　宇治拾遺2-11
　　　b．かの翁が面にある瘤を<u>や</u>取るべき。　　　　　宇治拾遺1-3

　しかし，『延慶本平家物語』（1309年）では，「なむ」は数例しかなく（山田1954），係助詞の「ぞ」は2000例を越えるが，その9割以上が地の文に使われるという偏りがある（蔵野1997）。よって，鎌倉時代の話し言葉の世界では，「なむ」はほぼ使われず，「ぞ」もかなり衰退していたと考えられる。

　室町時代の口語資料としてよく使われる抄物では，「なむ」はもちろん，「ぞ」が係助詞として使われることはほとんどない。「ぞ」は（22）の下線部のように，文末で語調を整えるために使われるばかりである。波線部の「ぞ」は係助詞として使われた「ぞ」だが，このような例を見つけるのは容易ではない。

（22）嗟ハ歎ズル辞<u>ゾ</u>。歎ズルニワケメガアル<u>ゾ</u>。嗚呼，於戯ナンド
　　　ヲ吉凶ニヨリテ別々ニ何ヤラウニシワケタ<u>ゾ</u>。此ノ嗟ハホメタ

　　心デ<u>ゾ</u>アルラウ<u>ゾ</u>。　　　　　　　　　　　　　　　　　　　史記抄1

　疑問を表す「や」「か」も，『延慶本平家物語』までは用例が見られるが，

(23) a. 泣々^{こしらへ}誘 申ケレバ，ゲニモト<u>ヤ</u>^{おぼしめされ}被思食ケム。　　　　1-21
　　 b. <u>ヤ</u>，内侍達，都ヲ立出テ，多クノ国々ヲ隔テ，波路ヲ分テ
　　　 参リタル志ハ，何<u>計</u>ト<u>カ</u>^{いかばかり}思フ。　　　　　　　　　1-21

　『史記抄』（1477 年）には「や」はまず見られず，「か」はほとんど
「ナニ<u>カ</u>〜ウゾ」という呼応で反語となるなど固定化が進んでいる（衣
畑 2014）。疑問詞疑問で「何」以外の疑問詞には (24b) のように係助
詞は付かない。

(24) a. ナニ<u>カ</u>帝王ノナイト云事ハアラウゾ
　　　 （どうして帝王がいないという事があろうか。）　　三皇本紀
　　 b. ドコカラ賊ハ入^{イル}ベキゾト云ゾ　　　　　　　　　　　第6

　以上のように連体形で結ぶ係助詞は鎌倉・室町時代の間には衰退した
が，已然形で結ぶ「こそ」は，江戸時代に入っても（「結びの流れ」こ
そ多くはなるが）用いられ，現代京阪方言へも一部受け継がれている。

(25) あのやふにきまつて<u>こそ</u>永久なれ　　　　北華通情（1794 年）

　以上のように係り結びが衰退したことについては，その要因をめぐっ
て様々な意見が出されてきた。その中で，阪倉（1993：5 章5）のよう
に，言語外的要因を考える立場が一定の支持を得ている。社会が，狭い

コミュニティにおけるコミュニケーションから，開かれた場におけるコミュニケーションを要求するようになり，それに従って「情意に富んだなれあいの表現」（p.268）である係り結びが衰退し，「論理を明確にした表現」（同）である格助詞などが発達したという。しかし，係り結びは敬語のような人間関係を反映する表現ではない上に，たとえば，現代の諸方言において，集落の孤立性に応じて係り結びが残っている（いた）といった報告もない。

　一方，言語内的要因としてしばしば指摘されるのは，2節で見た連体形終止法の一般化である（大野 1993他）。連体形終止法が通常の終止法となったため，文末との呼応関係によって表された係り結びの表現価値が失われ消滅したというのがその理屈である。しかし，連体形と終止形の合流の結果，連体形がなくなったのならともかく，連体形が広く使われるようになったのだから，特殊な呼応関係はなくなるにしても文中の「ぞ」「なむ」「や」「か」までがなくなる理由にはならないのではないか。

　以上のように，なぜ係り結びが衰退したかということには決定的な要因を見つけることが難しい。ただし，係り結びが統語的には不安定な構文であったということは言える。日本語は句の主要部が最後に来る**主要部後置型**の言語である。よって，文のタイプを決めるような助詞は文の最後に来るのが原則であり，たとえば（21b）は「や」が文のタイプを決めるならば，「瘤を取るべしや」（現代日本語ならば「瘤を取るべきか」）のような語順が期待される。それに対し係り結びは，「や」「か」（疑問文）や「ぞ」（平叙文）などその文のタイプを決める助詞が文の途中にある構文であり，この原則からは外れるのである。

6. さいごに

　本章では，形態論・統語論を中心に，文法の歴史変化を見てきた。動詞活用には，母音語幹動詞（一段動詞）の語幹を一つに統一する単純化が起こった。古典語で限定的に主格・属格を表した「が」は，連体形を承ける用法を契機に主格の用法を発達させた。また，連体形を承ける「が」は接続助詞の用法も発達させた。古典語を特徴づける構文であった係り結びが中世に滅び，中央語（本章の範囲では京阪方言）の文法は，現在のものへと近くなっていった。

用例出典

万葉集，竹取物語，落窪物語，枕草子，源氏物語，更級日記，今昔物語集，宇治拾遺物語，近松門左衛門集（以上新編日本古典文学全集），延慶本平家物語（勉誠出版），百二十句本平家物語（慶應義塾大学附属研究所斯道文庫蔵，汲古書院），史記桃源抄の研究（日本学術振興会），天草版平家物語対照本文及び総索引（明治書院），日本大文典（土井忠生訳，三省堂），大蔵虎明能狂言集（清文堂出版），北華通情（洒落本大成）

参考文献

石垣謙二 (1955)『助詞の歴史的研究』岩波書店

大野晋 (1993)『係り結びの研究』岩波書店

奥村三雄 (1990)『方言国語史研究』東京堂出版

衣畑智秀 (2014)「日本語疑問文の歴史変化―上代から中世―」青木博史他編『日本語文法史研究2』ひつじ書房，pp. 61-80.

衣畑智秀 (2019)「文法の歴史変化」衣畑智秀編『基礎日本語学』ひつじ書房，pp. 96-121.

蔵野嗣久 (1997)「『延慶本平家物語』の係助詞「ぞ」「なむ」「こそ」―係結びの崩壊過程を中心に―」『安田女子大学大学院博士課程開設記念論文集』安田女子大学，pp. 109-124.

近藤泰弘 (2000)『日本語記述文法の理論』ひつじ書房

此島正年 (1966)『国語助詞の研究―助詞史の素描―』桜楓社

阪倉篤義 (1993)『日本語表現の流れ』岩波書店

野村剛史 (1996)「ガ・終止形へ」『国語国文』65 (5)：524-541.

山内洋一郎 (2003)『活用と活用形の通時的研究』清文堂

山田昌裕 (2010)『格助詞「ガ」の通時的研究』ひつじ書房

山田孝雄 (1954)『平家物語の語法・下』宝文館

11 | 文章・談話 ―三つの捉え方―

石黒 圭

《目標＆ポイント》
目標：現代日本語の文章・談話の諸問題について接続詞をとおして理解する。
ポイント：文章・談話の三つの捉え方，構造的な捉え方，過程的な捉え方，社会的な捉え方を実例によって学ぶ。
《キーワード》　文章・談話，接続詞，結束性，表現・理解

1. 文章・談話の三つの捉え方

文章・談話の構造的な捉え方

　文章・談話というものは，言語研究のなかでも大きな単位である。語彙や文法と比べてもその点は明らかである。品詞というものが，1文のなかでの統語的な機能から決まることからもわかるように，文法の研究対象は1文というのが基本であった。しかし，文章・談話は1文を越えた文同士の関係や，段落のような複数の文のまとまり，さらには文章・談話の全体構成を問題にするという点で，文の文法とは異なる分析のアプローチが求められる。

　文章・談話をめぐる考え方は多様であるが，ここでは文章・談話を分析する場合の三つの捉え方を紹介する。

　一つ目は，文章・談話は複数の文・発話の連続体であり，それらが全体としてまとまりを持つという構造的な捉え方である（市川1978）。たとえば，池上（1982）では，先行内容と後続文の関係を問題にする結束

性，際立たせて提示する部分を問題にする卓立性，文章・談話全体の構成を問題にする全体的構造の三つの観点から，文章・談話にまとまりを与える**テクスト性**という概念を示している。この一つ目の観点では，テクスト性の研究が文章・談話の研究ということになる。

　結束性という観点からは，文脈指示のコ系・ソ系の指示語，連接関係を示す接続詞，話題をつなぐ表現の反復や省略の問題などが扱われ（庵2007），卓立性という観点からは，情報の新旧や焦点，視点などの問題が扱われ（砂川2005），全体的構造という観点からは，段落相互の関係やそこから生まれる文章型の問題などが扱われる（佐久間1998）。

文章・談話の過程的な捉え方

　二つ目は，文章・談話は文・発話が連続的に産出・理解される処理のプロセスであるという過程的な捉え方である。本章では文章は書き言葉，談話は話し言葉として考えるが，英語には似た概念であるテクスト（text）とディスコース（discourse）というものがあり，テクストは産出された結果，ディスコースは産出される過程を問題にする。すなわち，一つ目の捉え方はテクストを問題にし，この二つ目の観点は**ディスコース**を問題にしているのである。

　私たちが通常作文を分析したいと考える場合，書き手を切り離して書かれた作文，すなわちテクストを分析することが多いが，書き手が作文を書いている過程そのもの，すなわちディスコースを分析することもできる。私がこの文章を書いているとき，関連論文を検索したり，辞書を調べたり，タイプミスを修正したり，計画を変更したりしているが，それがまさにディスコースであり，そうした執筆過程を分析するのがディスコース分析なのである。

　ディスコースを分析する場合，考慮に入れなければならない要素が時

間である。私たちは言語を運用するさいに，時間無制限のなかで行っているわけではない。限られた時間のなかで産出や理解という行為を行っている。とくに話し言葉の場合，「あのー」「えーと」といったフィラーで時間を稼ぎ，ときに冗長で断片的な表現を用い，計画からの逸脱と修正を繰り返しながら表現を行っている。そうしたものも談話研究の対象となる。

　また，限られた時間のなかで産出や理解をするためには，音声列や文字列という言語記号と，それが表現する記憶との連動が考えられなければならない。私たちは頭のなかにある知識や経験といった記憶の集積を使って言語記号を処理している。言語記号と記憶の接点に現れるのが文脈であり，文脈を用いた推論によって言語記号の情報のスカスカな部分を補っている。AIは画像処理は得意であるが，言語処理はいまだ苦手な領域である。画像はデータ量が多く，情報の粒度が細かいが，言語記号はデータ量が少なく，情報の粒度が粗い。Eメールで画像データを送る場合は重く，テキストデータを送る場合は軽いのはそのためである。つまり，言語記号は少ないデータ量で多くの情報を伝えることが可能なのである。言語記号の情報の粒度の粗さ，いわゆるスカスカな部分を補うのが人間が脳内に持つ膨大な記憶であり，そうした言語情報と脳内記憶の仲立ちとなっているのが文脈と推論の働きなのである。この文脈と推論の働きもまた文章・談話研究の重要な対象になる。

文章・談話の社会的な捉え方

　三つ目は，文章・談話は**コミュニケーション**のために使われるという社会的な捉え方である。社会における言語使用を扱う社会言語学ともつながりを持つ捉え方であり，前述の二つの捉え方と比較して，とくに問題になるのが話し手と聞き手の関係である。誰が誰にたいして話してい

るのか，その人間関係を問題にする場合，敬語の使い方に代表されるポライトネスが問題になる。どちらの立場が上でどちらの立場が下かという上下関係，二人がどのぐらい親しいかという親疎関係によって談話のあり方は大きく異なってくる。

　また，複数の参加者が想定される場合，発話交替が問題になるだろう。二人が重なって話すことは原則としてできないため，相手が話しているときに自分が話しはじめるわけにはいかず，適切なタイミングで発話者は交替する必要がある。また，話し手にたいする聞き手の反応，とくに相槌の使い方や，挨拶にたいする挨拶，呼びかけにたいする返事，質問にたいする回答，依頼にたいする受諾／拒否のような，隣接ペアと呼ばれる対になるペアも重要になる。

　一方，コミュニケーションの目的や状況によって選ばれる言葉の種類が変わるという**言語使用域**の問題もある。文体・ジャンルの問題としてもしばしば言及される。たとえば，書き言葉か話し言葉かという違いは文章・談話のあり方に大きな影響を及ぼす。もちろん，同じ書き言葉であっても論文と小説とでは性格が異なるし，同じ話し言葉であってもビジネスの商談と親しい友人同士の雑談とでは大きく違うだろう。近年では打ち言葉と呼ばれるスマホなどによる話し言葉的な文字コミュニケーションも有力な研究対象となっている。

　本章では，文章・談話の構造的な捉え方，過程的な捉え方，社会的な捉え方について，接続詞をとおして横断的に見ていくことにする。

2. 文章・談話の構造的な捉え方

結束性から見た接続詞

　接続詞を結束性という観点から考えた場合，先行文脈の内容を受け，後続内容との関係を示すところにその働きがある。それによって，読み

手（聞き手も含む）が後続内容の候補を絞ることができ，理解の負担が軽減される。ここではまず，先行文脈と後続文の関係にどのようなものがあるのかを観察する。その関係は大きくは4類10種に整理できる（石黒2008，石黒2016）。

　第一類は論理の接続詞である。因果関係を用いて読者に期待させるものであり，具体的には，「順接」と「逆接」に分かれる。第二類は整理の接続詞である。類似のものを並べて整理するものであり，「並列」「対比」「列挙」に分かれる。第三類は理解の接続詞である。別の面から読者の理解に歩み寄るものであり，「換言」「例示」「補足」に分かれる。第四類は展開の接続詞である。区切りを示して流れを意識させるものであり，「転換」「結論」に分かれる。この4類の接続詞を順に見ていくことにする。

　論理の接続詞は，「P→Q」の条件関係を下敷きにしたもので，論理の接続詞があると，因果関係が明確になり，文章の流れが論理的になる。そのため，書き手（話し手も含む）が自分の意見を説得的に述べたい場合によく使われる。そのうち，順接の接続詞は，予想にそった結果を示すものであり，「だから」「それなら」などが入る。

　(1) ケーキのスポンジが軽い。<u>だから</u>，いくらでも食べられる。

　また，逆接の接続詞は，予想に反する結果を示すもので，読み手が予想とは逆の内容が来ても違和感なく読める働きがある。「しかし」「ところが」などが入る。

　(2) 見た目はおいしそう。<u>しかし</u>，中の生クリームが甘すぎた。

　整理の接続詞は，同類項を並べる加算関係を下敷きにしたもので，整理の接続詞があると，長くて複雑な内容も整理され，文章が読みやすくなる。そのため，入り組んだ話題を誤解なく述べたい場合によく使われる。このうち，並列の接続詞は，似たものどうしを並べるもので，「そして」「それに」「かつ」などが入る。

　(3) ゼリーもあった。<u>そして</u>，ババロアもあった。

　対比の接続詞は，似たものを違いに注目して並べるもので，対照的なものが来ても，前後で対になっていることを予告する働きがある。「一方」「または」などが入る。

　(4) 生菓子が充実していた。<u>一方</u>，焼き菓子も豊富だった。

　列挙の接続詞は，似たものに順番をつけて並べるもので，文章における箇条書きのような役割を果たす。「まず」「第一に」「最初に」などが入る。

　(5) まず，タルトをかじった。<u>つぎに</u>，クリームを口に入れた。

　理解の接続詞は，不足情報を補う補充関係を下敷きにしたもので，理解の接続詞があると，読み手の疑問が解消され，文章の理解が深まる。そのため，書き手と読み手の知識の差を埋めたい場合によく使われる。このうち，換言の接続詞は，前後の内容が同等の内容であり，後続で適切な表現に言い換えることを予告するものである。「つまり」「むしろ」などが入る。

(6) 切ってみると，中がどろどろ。<u>つまり</u>，生焼けだった。

　例示の接続詞は，イメージの湧く例を挙げるものである。「たとえば」
などが入る。

(7) ケーキの名前は比喩が多い。<u>たとえば</u>，エクレア（稲妻）。

　補足の接続詞は，情報の穴を埋めるもので，読み手が疑問に思う内容
を補足する働きがある。「なぜなら」「ただし」などが入る。

(8) ジャムの消費期限は長い。<u>なぜなら</u>，保存食だからだ。

　展開の接続詞は，話題の展開を下敷きにするものであり，展開の接続
詞があると，局部的な理解にとらわれずに文脈が捉えられ，書き手の意
図がつかめる。そのため，長い文章で文章の全体構造を示したい場合に
よく使われる。そのうち，転換の接続詞は，話題を大きく切り替えるも
ので，後続文脈を読むときのギャップを軽減する働きがある。「さて」
「では」などが入る。

(9) 用意する材料はこれだけ。<u>さて</u>，スポンジの作り方に移る。

　結論の接続詞は，それまでの話題をまとめるもので，一連の話題の結
論を示し，文章を一旦まとめる働きがある。「こうして」「とにかく」な
どが入る。

(10) これでラッピングが完了。<u>こうして</u>，ケーキは出荷される。

　このように，先行文脈と後続文の関係によって接続詞は様々なものがあり，それらを活用して文を越える関係は理解されていくのである。

卓立性から見た接続詞

　接続詞は論文などでは総文数の25％，小説などでは総文数の10％ぐらいしか出てこない形式なので，文頭にあるだけで卓立性を感じさせることが多い。とくに，接続詞の卓立性を強く感じさせるのは，テレビショッピングに出てくる接続詞である。なかでも，よく出てくるのが「さらに」「しかも」。副詞「なんと」などとともに，話の要点を際立たせる働きを有している。実際のテレビショッピングでは，次のように使われる。

(11)　本日ご紹介する商品は，この寒い季節の必須アイテム，羽毛布団。掛け布団と敷き布団のセットです。羽毛布団と一口に言っても，その質にはかなり差があるもの。今回ご紹介するこの羽毛布団は，高級素材で知られるホワイトダックダウンが，なんと90％も入っています。90％ですよ。身体をぴったり包み，温かい空気を逃しません。これをなんと29,800円でお届けします。さらに，これだけではありません。今回は特別に，この羽毛布団に相性ぴったりの高反発マクラをおつけしちゃいます。これで，寒い夜でもぐっすり快適に眠れること，間違いなしです。しかも，今から30分以内にご注文くださった方限定で，送料無料でお届けします。今から30分以内です。ぜひ今すぐお電話ください。

　テレビショッピングではお買い得感を出すために，おまけをつけるこ

とがしばしば行われる。そうしたおまけをつけるときに，「さらに」「しかも」が卓立性を発揮するのである。

全体的構造から見た接続詞

　接続詞は前後の文脈をつなぐものだから，文と文のあいだに接続詞を入れるという発想になりがちである。そうした考えは間違いではないが，文章の全体的構造を視野に入れ，接続詞と接続詞のあいだに文を入れるという発想が成り立つこともある。たとえば，学術論文の要旨を書くとき，次のようなパターンで書くと，論文の要点が適切に伝わる（村岡ほか（2006），王（2015）など）。

　　（現状）。→しかし（問題）。→そこで（調査）。→その結果（結果）。

　このように，接続詞の前後に適切な内容を入れておけばよいのである。たとえば，このような感じである。

(12) 日本語の作文で打たれる読点について「こう打つべきである」という規範的な観点から論じた研究は多い。しかし，「実際にこう打たれている」という記述的な観点から論じた研究，とくに日本語学習者の作文についての研究はほとんどない。そこで，本調査では同じテーマについて書かれた日本人学生（日本人）と中国人日本語学習者（中国人）の作文の読点について調査を行った。その結果，①中国人のほうが読点の総数が有意に多い，②日本人と中国人が読点を打つ箇所の傾向は似ている，③中国人は日本人が句点を打つところに読点を打つ場合があるという3点が明らかになった。

　このように，目的が明確な短い文章では，使われる接続詞とその出現箇所に一定の傾向が見られるものがある。ほかにも，ビジネスメールには次のようなパターンがある。

（挨拶）。→さて（本題）。→つきましては（用件）。→なお（補足）。

これを，社内の歓迎会のご案内という形で書くと，次のようになる。

(13)　新緑を感じるこの時期，みなさまにおかれましては，ますますご清祥のこととお慶び申しあげます。
　　　さて，弊社では，みなさまの日ごろの格別なるご厚誼に報いるべく，恒例の歓迎会を下記の要領で催すことになりました。
　　　つきましては，お忙しいこととは存じますが，なにとぞご出席たまわりますよう，ご案内申しあげます。
　　　なお，お店の予約の都合上，4月25日（金）までにご出欠をお知らせくださいますよう，よろしくお願いいたします。

　接続詞を単に前後の文脈をつなぐものと見ず，文章の全体的構造のなかで，いくつかの組み合わせで見ていくこともまた，接続詞の分析を豊かにする方法である。

3. 文章・談話の過程的な捉え方

テレビのテロップ的な接続詞

　文章・談話を構造的なもの，すなわちテクストとして捉えた場合，接続詞は上述のような働きをすることを見た。一方，文章・談話を過程的なもの，すなわちディスコースとして捉えた場合，接続詞はまた違った

見え方をする。

　作家・井伏鱒二は，ある文豪の直筆原稿を読んだとき，推敲の箇所が接続詞・接続助詞に集中していたことを，驚きを持って受けとめていた（井伏1956）。作家は推敲の段階で詠み手の立場から文章を読みなおすなかで文章の流れを確認し，修正を加えていくものと思われる。

　接続詞を考える場合，読み手の立場に立って検討することはたしかに重要である。最近，テレビのバラエティ番組を見ていると，やたらとテロップが出てくることに気づく。そのなかで，映像が途切れ，「しかし！」「そこで…」「そのとき！」「すると…」のような接続詞だけの画面が挟まるのである。これは，次の映像に移るまえに間を作り，視聴者に後続文脈を期待させ，次に出てくる情報に注目させる効果がある。いわば，段落の先頭に出てくる接続詞のようなものである。

　このような近年のテレビ的な手法には賛否はあろうが，少なくとも視聴者の立場に立って接続詞を検討するということは，読み手の立場から接続詞を検討するのと同じで，読み手の理解過程を考慮した接続詞の使い方であると言える。次の［　　　］にはどのような接続詞を入れたらよいだろうか。

(14) 当日はあいにくの雨で開催も危ぶまれる状況だった。［　　　］，ふたを開けてみると，雨のなか，熱心なファンが100名以上集まってくれた。

(15) 共働きの夫婦で，おたがいの分担をリストにしてコルクボードに貼ってみた。［　　　］，それまで家事を嫌がっていた夫も進んで引き受けてくれるようになった。

　上の例は，先行文の予想に反する意外な内容が後続文に出てきている

ので，意外感を表す「ところが」のような逆接の接続詞がふさわしいだろう。下の例は，先行文の結果，後続文にどのような内容が続くのか，期待させるような接続詞がふさわしく，「すると」のような順接の接続詞が考えられるだろう。

　また，こうした思考法は，どの接続詞が重要か判断するときにも役に立つ。卓立性のところで見たように，接続詞のついた文は卓立性を持つ傾向があるため，接続詞を使いすぎると，どの接続詞が大切かわからず，読み手にとって読みにくくなるときがある。次の文章ではどの文にも接続詞がついていて，読んでいるほうが混乱をきたしてしまう。

(16) 通勤からの帰り道，道路が混雑していた。<u>なぜなら</u>，下水道の工事で車線規制をしていたからだ。<u>そこで</u>，私は迂回し，裏道を通ることにした。<u>ところが</u>，その裏道も別の工事をしていて，ひどく渋滞していた。<u>しかも</u>，その道は細く，Uターンするわけにもいかない。<u>だから</u>，私はひたすら車のなかでイライラしながら自分の判断ミスを呪うしかなかった。

　ほんとうに必要な接続詞はどれかを判断すると，多くの人が「ところが」だと言う。おそらく読んでいて後続の展開が読みにくいのが，逆接の「ところが」だからであろう。一般に逆接の接続詞は省略が難しいことが多い。それは予想外の展開が来ると読み手にとって違和感が強く，読み取りが困難になるからであろう。

発想開拓の装置としての接続詞

　ここまでは，読み手の理解という観点から接続詞を見てきたが，書き手の産出という観点から接続詞を見ることも可能である。接続詞が有す

る4類10種の関係は，私たちが文をつないで文章を書いていくときに基本となる関係である。それを逆手に取って，接続詞を発想開拓の装置として使うことも可能である。

　たとえば，コンビニエンス・ストア，いわゆるコンビニをテーマに文章を書きたいとき，接続詞「たとえば」を使って発想を広げてみたい。「コンビニは便利である。たとえば，……」と文章を始めれば，コンビニで何ができるか，思いを巡らせることになろう。

　　・たとえば，温かいお弁当が買える。
　　・たとえば，冷たいジュースが買える。
　　・たとえば，カラーコピーができる。
　　・たとえば，写真のプリントができる。
　　・たとえば，映画のチケットが買える。
　　・たとえば，コンサートのチケットが手に入る。
　　・たとえば，ATMでお金が引きだせる。
　　・たとえば，無料のWi-Fiが利用できる。
　　・たとえば，トイレが借りられる。

　こうした内容をさらにアレンジして整えれば，コンビニについての立派な文章になる。

　(17)　私たちの身近にあるコンビニ。コンビニではさまざまなサービスが利用でき，とても便利である。たとえば，温かいお弁当も冷たいジュースも買える。カラーコピーだけでなく，写真のプリントもできる。映画の前売り券が安く買えるだけでなく，予約していたコンサートのチケットも受け取れる。ATMで24時

188

間お金が引きだせるだけでなく，Wi-Fiも無料で利用でき，いざとなったらトイレも借りられる。<u>このように</u>，コンビニは私たちの生活に密接に関わるものであり，だからこそコンビニに多くの人が立ち寄るのである。

　文章を書く過程で発想の起点として接続詞を使うことは，じつは私たちが無意識のうちに行っていることである。

フィラーと接続詞

　私たちが人前で話す場合，もっともよく使っている接続詞は「で」である。たとえば，大学の講義では接続詞が総文数の1/3以上つけられるが，なかでも「で」は頻度が高く，第二位の「それから」のじつに4倍以上使われている（石黒2010）。

　なぜ「で」がそれほど多いかと言うと，講義には計画されたアウトラインがあり，その流れに沿って話をしていることが意識されると，自然と「で」が出てくるからである。いわば，計画された講義の話の本線をなぞるときに「で」が現れると言ってもよいであろう（高橋2005）。

　しかし，こうした「で」は講義が文字化・原稿化されると，跡形もなく消えてしまう。私たちが話を文字起こしするとき，「あのー」「えーと」といったフィラーは消してしまう。それは，話し言葉ではその場の限られた時間で話を再生しなければならないので，話したい内容を思いだすのに時間がかかったり（「えーと」），適切な表現がとっさに思い浮かばなかったりするときに（「あのー」）フィラーという言いよどみ表現を使って時間を稼ぐ必要があるからである。「で」は「それで」に由来するため，もともとは接続詞であると考えられるが，話の本線を意識するときに出現し，文字化するときには不要なものとして消されてしまうと

いうことで，フィラーに近い性格を有すると思われる。

4. 文章・談話の社会的な捉え方

話し言葉的・書き言葉的な接続詞

　接続詞を考える場合，語彙（第6章）のところで見たように，話し言葉的か，書き言葉的かを考える必要がある。接続詞には文体的な性格が表れやすいからである。次の文章を読み，話し言葉的な接続詞を書き言葉的な接続詞に置き換えるとどうなるだろうか。

(18)　納豆は発酵食品なので，臭いがきつい。でも，発酵食品だからこそ，栄養価が高い。だって，ダイズのタンパク質はそのままでは消化が悪く，発酵によってタンパク質が分解されることで栄養が吸収されやすくなるからである。

　それから，納豆は発酵食品だからこそ，おいしい。発酵食品は発酵の過程で熟成が進み，それにつれてうまみ成分のグルタミン酸が増えてくる。だから，納豆はもちろん，国内のたくわん，くさや，ふなずしや，海外のキムチ，臭豆腐，ブルーチーズなど，臭い食べ物にはやみつきになるうまさがあるのである。

　あと，発酵食品は長期保存が利く。納豆は1週間程度であるが，味噌やしょうゆは常温による長期保存が可能である。発酵食品は，発酵菌が増殖しているため雑菌が入りにくく，腐敗を食い止める働きがある。けど，納豆の場合，納豆菌の再発酵がおきるとアンモニア臭が発生したり，表面に白い粒が現れたり，苦みが増したりすることがある。

　「でも」は「しかし」に，「だって」は「なぜなら」に，「それから」

は「また」に，「だから」は「そのため」に，「あと」は「さらに」に，「けど」は「ただし」にそれぞれ置き換えると書き言葉として自然になる。

(18′)　納豆は発酵食品なので，臭いがきつい。<u>しかし</u>，発酵食品だからこそ，栄養価が高い。<u>なぜなら</u>，ダイズのタンパク質はそのままでは消化が悪く，発酵によってタンパク質が分解されることで栄養が吸収されやすくなるからである。

　　　<u>また</u>，納豆は発酵食品だからこそ，おいしい。発酵食品は発酵の過程で熟成が進み，それにつれてうまみ成分のグルタミン酸が増えてくる。<u>そのため</u>，納豆はもちろん，国内のたくわん，くさや，ふなずしや，海外のキムチ，臭豆腐，ブルーチーズなど，臭い食べ物にはやみつきになるうまさがあるのである。

　　　<u>さらに</u>，発酵食品は長期保存が利く。納豆は1週間程度であるが，味噌やしょうゆは常温による長期保存が可能である。発酵食品は，発酵菌が増殖しているため雑菌が入りにくく，腐敗を食い止める働きがある。<u>ただし</u>，納豆の場合，納豆菌の再発酵がおきるとアンモニア臭が発生したり，表面に白い粒が現れたり，苦みが増したりすることがある。

牽強付会な接続詞

　接続詞は文章を論理的にする働きがあるとされる。たしかに書き言葉ではそうした働きがあるが，話し言葉で使われる接続詞はむしろ非論理的なことが多い。

(19)（雨に濡れて帰ってきた子どもに）<u>だから</u>，傘を持っていきなさ
　　いって言ったのに。

(20)（伝わらない言葉にいらいらして）<u>だから</u>，さっきから帰ってい
　　いよって言ってるじゃん。

(21)（相手の言葉に反発して）<u>でも</u>，嫌なものは嫌だよ。

(22)（写真を見ていて話題がとぎれたときに）<u>でも</u>，きれいなお母さ
　　んだよね。

(23)（言い訳をして）<u>だって</u>，知らなかったんだもん。

(24)（抗弁して）<u>だって</u>，ありえないでしょ，初めてのデートで遅刻な
　　んて。

(25)（途中の論理を飛び越して）<u>とにかく</u>，時間内に終わらなかったわ
　　けさ。

(26)（遠慮する相手に）<u>とにかく</u>，上がっていきなさい。

　一見論理的な体裁は取りながらも，いずれも先行文脈を論理的に踏ま
えて展開しているわけではない。むしろ先行文脈から飛躍して自分の考
えを述べるために接続詞を持ちだしていることがわかる。その意味で主
観的な接続詞の用い方である。理屈に合わないことを，自分にとって都
合のよいようにこじつけることを牽強付会と言うが，話し言葉で使わ
れるこうした接続詞の使い方は牽強付会であると言えるだろう。

　このように，接続詞一つ取ってみても，文章・談話の構造的な捉え
方，過程的な捉え方，社会的な捉え方という多様な捉え方を反映してい
るのである。

参考文献

庵功雄（2007）『日本語におけるテキストの結束性の研究』くろしお出版

池上嘉彦（1982）「テクストとテクストの構造」（国立国語研究所『談話の研究と教育1』）

石黒圭（2008）『文章は接続詞で決まる』光文社

石黒圭（2010）「第7章 講義の談話の接続表現」佐久間まゆみ編著『講義の談話の表現と理解』pp.138-152

石黒圭（2016）『書きたいことがすらすら書ける！「接続詞」の技術』実務教育出版

市川孝（1978）『国語教育のための文章論概説』教育出版

井伏鱒二（1956）「『が』『そして』『しかし』―文體は人の歩き癖に似てゐる―」『文學界』10-8，文藝春秋新社

王金博（2015）「『しかし』と『そこで』の『遠隔共起』から見た社説の「開始部」の文脈展開」『日本語／日本語教育研究』6，pp.197-204

佐久間まゆみ（1998）「現代日本語の文章構造類型」『日本女子大学紀要 文学部』48，pp.1-28

砂川有里子（2005）『文法と談話の接点―日本語の談話における主題展開機能の研究―』くろしお出版

高橋淑郎（2005）「大学講義を対象とした類型的文体分析の試み」中村明・野村雅昭・佐久間まゆみ・小宮千鶴子編著『表現と文体』明治書院，pp.35-46

村岡貴子・米田由喜代・大谷晋也・後藤一章・深尾百合子・因京子（2004）「農学・工学系日本語論文の『緒言』における接続表現と論理展開」『専門日本語教育研究』6，pp.41-48

12 | 敬語 —"遠い言葉"敬語の働き—

滝浦真人

《目標＆ポイント》 敬語の用法はとても多様であり，それらを貫いて説明できる敬語の基本的な機能が何であるかを考える。敬語の種類についての新しい捉え方を確認した後，人々が敬語によって人間関係の像を伝え合っていることを見る。最後に，敬語の変化がなぜ生じるかを検討する。

《キーワード》 遠い言葉／近い言葉，距離，5分類，人間関係像，敬意漸減

1. 敬語が表すもの

日本（語）では敬語の存在感がとても大きい。「今後も敬語は必要だ」と考える人の率が，近年ますます高くなっていることを示す調査結果もある[1]。敬語を"日本語らしさ"のシンボルと捉える見方も，明治の後半以降，敬語が学問研究の対象となってからずっと，敬語研究のいわば主流をなしてきたと言って言い過ぎではない（滝浦 2005: 第Ⅰ部）。

では，ひるがえって，敬語は他の言語にない日本語固有の特徴だという言い方が成り立つだろうか？　答えは否である。たしかに，例えばヨーロッパ系の言語では，二人称代名詞の敬称形（丁寧な「あなた」）をもつ言語が比較的多いものの[2]，日本語のような人の動作を敬う敬語

---

1) 文化庁が行っている「国語に関する世論調査」では，今後も敬語は必要だと思うか？との問いに対して「必要だと思う」と答えた人の率が，平成4（1992）年度調査で48.6％だったのが，平成15（2003）年度調査で67.8％となり，平成25（2013）年度調査では84.5％に達した。
http://www.bunka.go.jp/tokei_hakusho_shuppan/tokeichosa/kokugo_yoronchosa/index.html（2019年2月時点）

2) 例えば，フランス語の tu/vous，ドイツ語の du/Sie などが，親称／敬称二人称代名詞の例である。

は見られない。しかし，目を東の方に移して広い意味での「アジア」を
見るならば，日本語の尊敬語や謙譲語のような敬語をもつ言語がいくつ
もあることに気づかされる。韓国・朝鮮語の文法は日本語と非常によく
似ていて，敬語も基本的には同じ仕組みと言ってよい。インドネシアの
ジャワ語の敬語や，ユーラシア大陸中央部に分布するチベット語の敬語
も，日本語と似たところのある体系をなしている。タイ語の敬語は王室
向けとされるが，モンゴルでは政治体制が変わってから敬語が"復権"
してきたと言われ（鯉渕 1978），さらに西のトルコ語でも，ある程度限
定的だが敬語動詞が用いられる（杉山 2000）。中国語でかつて盛んに用
いられた敬語は違う方式で，とにかく相手側のものは高めて自分側のは
低めるというシステムだが，敬語という大きな括りには含まれる。

　　　　　　　　モンゴル語　　　　　韓国・朝鮮語　　　日本語
　　　　　　　　　　（中国語）
　トルコ語　　　チベット語　　　　タイ語　　　　　　　　ジャワ語

図12-1　敬語が使われる言語の分布

　敬語をもつアジアの言語を，東西の位置関係を意識しながら並べてみ
た。言語学的な"親戚関係"といえる「系統関係」はばらばらなので，
それでは説明がつかず，むしろ地理的な関係の中で伝播した敬語をこれ
らの言語が保有していると見たほうがいいだろう。日本（語）にとって
敬語の存在が大きいことは承知しつつも，「日本人の民族性」のような
言葉は脇に置いて，以下，日本語敬語の働きを客観的に検討してみ
たい。

敬語＝敬意？

　敬語体系を有する言語では，コミュニケーションにおいて敬語がよく目立つ。なぜなら，敬語が表す意味内容は基本的に非敬語でも表すことができるため，敬語の存在理由はもっぱら人間関係に関する情報を示すことにあるからである。では，敬語が表す人間関係の情報とは何かといえば，身分や年齢などの上下のような関係と，それに伴って言葉に込められる「敬意」といった用語で理解されているだろう。敬意は"尊敬の気持ち"ぐらいに言い換えられるが，現実に用いられる敬語のニュアンスとどの程度合致するかと考えてみると，あまり具合がよくない。

　敬語の教科書には，敬語が表す多様な意味が挙げられている。

　　あがめ，尊重，へだて，あらたまり，威厳，品位，皮肉，軽蔑，親愛
　　　　　　　　　　　　　　　　　　　　　　　　　　　　（大石 1975）

　このうち「親愛」には（後で述べる）問題があるため除外しておくが，「あがめ」「尊重」「あらたまり」ぐらいはいいとして，「威厳」や「品位」は，敬語を使う側と聞く側のどちらが上なのか微妙だし，「へだて」になると"尊敬の気持ち"ではとても言い換えられない。「皮肉」や「軽蔑」に至っては，敬意を反転させた効果を意図したものと強引に説明できなくもないが，少なくとも「敬意」とは正反対である。結局，上の用法で「敬意」によって説明できるものはそう多くないことになってしまう。

　"尊敬の気持ち"としての「敬意」がしっくりこない最も一般的な敬語の使い方は，初対面の人と話すときに敬語を用いて話すことである。

　(1)「あなた方はどちらからいらっしゃったのですか。どうなすった

のですか。」さっきの燈台看守がやっと少しわかったように青年にたずねました。青年はかすかにわらいました。

（宮沢賢治「銀河鉄道の夜」[3], 注目箇所に下線［以下同様］）

　少し昔の, フィクションの用例とはいえ, たしかに人は, 予想しない出会いなどをしたときに, とても丁寧な敬語を使って話したりする。こうした敬語を「尊敬」のような言葉で説明することは現実的でない。むしろ, あまりに遠い相手であるがゆえに, 近い言葉を使って不用意に近づいては失礼になるから敬語を使って近づきすぎないようにしている, といった説明をしたくなるのではないだろうか。

　あわせて,「威厳」「品位」「へだて」「皮肉」の用法も見ておこう。実際, 次のような例は, 敬語の用法としてそう特殊なものではない。

(2)　本日ここに, 多数のご来賓のご臨席を賜り本年度の卒業式を盛大に挙行できますことを, 衷心より感謝申し上げます。（作例）

(3)「私, どうしてもお礼に伺わなければ, 気がすみませんでしたの。ほんとうに, あんなに後援して頂きまして, 有難う存じました。何か持って参ろうと思ったんですが, まだお目にかかったことがないので, どんな物が, お気に召すか分りませんので, お花ならと思いまして……」と, パラフィン紙の中から, 強烈な匂いをこぼしている, アメリカン・ビュウティと呼ばれる赤みを含んだ黄バラの花束を, 準之助の前に差し出した。　（菊池寛「貞操問答」）

(4)〔夫婦喧嘩などで〕はいはい, わかりました。結構です。どうぞご勝手になさいませ。（作例）

(5)　じゃあ, ご高説を拝聴するとしましょうか。（作例）

3) 文学作品の用例は, 著作権の切れた作品などを収録してインターネット上で公開されている『青空文庫』から得た。検索には, 田野村忠温氏が作成・公開している「日本語用例検索」を使わせていただいた。
http://www.tanomura.com/research/kwic_aozora/ （2019年2月時点）

（2）は，式辞などでよくある大仰な調子の敬語で，「あらたまり」に「威厳」のトーンを加えた例と言えるだろう。（3）は，少し昔の山の手の"奥様言葉"的な，相手によらず全般的に敬語ベースになる言葉遣いだが，ここではさらに，「伺う」「頂く」「存ずる」「参る」といったへりくだりの敬語が散りばめられていて，自己の「品位」に対する意識の表れが見える。（4）（5）は「敬意」から最も遠い例と言える。（4）は，普段なら敬語など使わない夫婦のような間柄で，口喧嘩の捨て台詞などに登場することのある敬語である。付き合いきれないという疎外的な感覚が強く表れている。敬語によって"距離のバリアー"を張るような語感があり，「へだて」の一種と見ることができよう。（5）も，本来なら敬語など用いない間柄に不必要な敬語を持ち込むことによって，まともに取り合うに値するかどうかという冷ややかな距離感がある。「皮肉」的な用法と言える。

遠い言葉：敬語＝〈距離〉

　人間関係に遠近があるように，言葉にも遠近があると考えよう。相手が目上の人物であったり，（初対面など）疎の関係の人物である場合には，言葉の面でも，丁寧に挨拶したり詫びたりし，敬称を付けたり敬語を使ったりする。それらは，不用意に相手に触れて失礼になることのないようにとの意味で，比喩的に**"遠い言葉"**と呼ぶことができる。反対に，相手が（家族や友人など）親しい関係だったり，対等や目下で気遣いの要らない人物である場合には，言葉も，挨拶や詫びのような堅苦しさを好まず，愛称（あだ名）や呼び捨てで呼んだり，非敬語（"タメ語"）で話したりする。こちらは**"近い言葉"**と呼ぶことができる[4]。

　"遠い言葉"であると考えると，敬語が表すもの —最も基本的な機能—

4）関係が近い場合でも，事柄（内容）が要因となって遠い言葉が選ばれる（期待される）ことがある。例えば，何かとても悪いことをしてしまったときの詫びや，相手に大きな借りをつくるような依頼の言葉は，日本語では丁寧な敬語が用いられることが多い。

も見えやすくなる。それは，「**敬語＝〈距離〉**」と言い換えられる（滝浦
2005）。〈距離〉が括弧付なのは，比喩的な広い意味を込めているから
で，上下も親疎も距離であり，社会的な関係も心理的な感覚も距離であ
ると捉える。そして，敬語の距離感は非敬語の距離感と表裏をなす。例
えば，次の2つの文を比べたら，どちらが端的に「おいしい」だろ
うか？

(6) 2つの距離感
　　a. これ，おいしい<u>です</u>！
　　b. これ，おいしい！

bの方が「おいしい」と感じる人が多いのではないだろうか？　aには
「です」が付いていて，bには付いていない。後で見るように，「です・
ます」は聞き手に対して向けられる敬語だから，aの方は聞き手に対し
て距離をとって丁寧に言うような構えとなる。一方のbは非敬語（タメ
語）なので，相手との間に距離をとらない。そこに「おいしい」が置か
れたとき，bではそのことが相手に直に伝わるのに対して，aでは相手
が遠くにいることが邪魔をする。敬語は対象を遠ざけるのである。
　敬語が〈距離〉の表現だとすると，言葉としての敬語の形も〈距離〉
を感じさせやすいものになるだろう。そうした観点から諸言語の敬語を
観察すると，次のような特徴が見えてくるという（Shibatani 2006）。

①日常語とは異なる特殊な動詞形が用いられる
②人物の動作をその場所で起こった出来事かのように表現する
③二人称単数の相手を指すのに複数形を用いる

①は例えば日本語で,「食べる」に対して「召し上がる」,「言う」に対して「仰る」のような専用の敬語形が存在することを思い起こせばよい。より〈距離〉と関係が深いのはその次で, まず②は, 本当は誰かが何かをする（した）という話であるものを, 直接そのように言うことが憚られるために,「誰がする」かという動作の部分をあたかも出来事の生起であるかのように表現するものである。例えば,

(7) ご子息におかれましてはこの度めでたく御結婚になる由,
　　まことにおめでとう存じます。(以下, 断りのないものは作例)

のような敬語がそれで, 見慣れないと奇異にさえ感じられそうだが, これは, 動作主として主語を置く代わりにあたかもそこが場所であるかのように表した上で[5],「結婚する」という動作を「御結婚になる」という出来事表現として表すという方式である。③は, 日本語よりも上で触れた（注2）ヨーロッパ語などにおける二人称単数代名詞の敬称が好例となる。日本語でも方言には,「おまえがた（＝おまえたち)」や「おめがた」のように言って目下に対する少し丁寧な呼び方をするところがあるが, これも対象を複数にしてぼかすことで直接指示を避ける方策である。このように, ②や③は, 最短の指示である直接指示をあえて避けて, 迂遠な間接表現をすることが丁寧な表現になることの例となる。

2. 敬語の分類と働き

　敬語の基本的な働きがわかったところで, 日本語の敬語体系に目を転じて,「尊敬語／謙譲語／丁寧語」といった敬語の分類が何の分類なのかを明確にし, そのコミュニケーション・モデルを検討していこう。
　多くの読者にとって敬語の種類は3つで, それは「尊敬語／謙譲語／

---

5) 韓国・朝鮮語にはこれとそっくりな「敬語助詞」が存在する。

丁寧語」だろう。ではこの3種類の違いは何だろうか？　学校の国語の時間に習った記憶は，だいたい，「尊敬語」では相手を持ち上げ，「謙譲語」では自分がへりくだり，丁寧語では全般的にあらたまる，という区別ではないだろうか。だが，これを各種類の説明だと言うならば，そこには厄介な問題があることになる。「自分」はいいとして，「相手」とは誰のことだろう？　まず思い描くのは話し相手つまり「聞き手」だが，例えば，「先日おっしゃった」や「昨日ご説明した」などと言う場合に，敬語が「聞き手」に使われているとは限らない。その場にいない第三者，例えば「社長」や「お客様」であることも十分あり得るから，「相手」と言うだけでは誰のことかがわからない。問題はさらにあって，尊敬語と謙譲語の説明が，異なるように見えて，相手を上げるのと自分が下がるのは，じつは同じことではないのか？との疑問も残る。

　3分類のこうした説明は，敬語の種類の違いが各々の表す意味の違いだという前提に基づいている。それがうまくいかないなら，考え方自体を変える必要があるのではないか？　では，例えば，それぞれの敬語が誰に向けられるかという違いはどうだろう。例えば，「おっしゃる」は「尊敬語」で，「言う」動作をする人物（文法的には主語）に向けられる。「ご説明する」は「謙譲語」で，こちらは話し手がへりくだるよりも，「説明する」という動作を受ける人（文法的には目的語）に向けられる敬語だと言った方が正確だろう。そう考えていくと，敬語の種類の相違が，言及されている動作における"役割"の違いとして見えてくる。もう一つの「丁寧語」はというと，具体的には「です・ます」などのことであり，それらは前に来る文の内容自体には関係しないことから，敬語の対象は聞き手であることがわかる。そうすると，敬語の種類の違いとは，じつは敬語が向けられる対象（役割）の違いということになる。

　しかし，まだ問題がある。「謙譲語」の中に，動作の受け手が存在しなかったり話し手自身が受け手である語が含まれることがそれで，「参る」「伺う」「存ずる」といった語には上の説明が当てはまらない。語義を考えると，これらは純粋に話し手（側の人物）がへりくだることで聞き手を立てようとする敬語であることがわかる。つまり，「謙譲語」というカテゴリーの中に，じつは働きの異なる2種類の語群が混在していたことになる。ならばそれらを分け，敬語の種類を増やしてはどうか？との考えが出てくる。2007年に文化審議会の答申「敬語の指針」が採用した分類が事実上これで，謙譲語から分離するグループを「**丁重語**」ないし「謙譲語Ⅱ」と呼んで，「謙譲語Ⅰ」と区別した[6]。そこでは，以上の4分類に，特定の対象者がそもそも考えられていない"純粋な丁寧さ"とも言うべき「**美化語**」を加えた5分類が採用された。下に示し，例も添える（**図12-2**）。

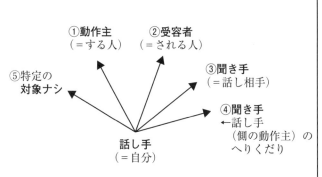

図12-2　敬語の種類と敬語の対象者

　このように見ることで，日本語敬語の種類は敬語の対象者との関係によってきれいに説明されることになった。では，代表的な語形・用例と

6) この分類の考え方自体は新しいものではなく，すでに明治時代に現れている。

ともに，表にまとめよう。各タイプの名称に「尊敬」「謙譲」「丁重」と
いった言葉が入っているが，単に区別のためのラベルだと考えてほ
しい。

表12-1　敬語の機能と形

名称	機能	代表的な語形と例
尊敬語	動作主敬語	「お／御…になる」「〜（ら）れる」 「おっしゃる」「召し上がる」 ここでお休みになってください。
謙譲語	受容者敬語	「お／御…する」「さし上げる」 お客様を御案内してください。 書類はあとで私がお持ちします。
丁寧語	聞き手敬語	「です」「ます」「ございます」 お席はこちらでございます。
丁重語	主体の謙遜	「参る」「致す」「申す」「存ずる」 すみません，存じませんでした。
美化語	全般的丁寧	（特定の人物と結びつかないもの） 健康のためにお野菜をたくさん 食べるようにしています。

　謙譲語から"分離独立"させた丁重語は語彙数がそう多くなく，表に
挙げた以外に，「おる」（＜いる）や「拝見する」など「拝○する」の類，
「もらう」の敬語形「いただく」といったものがある。美化語について
も触れておけば，美化語かどうかの認定は意外に微妙である。「お洋服」
や「おビール」のような"無駄な丁寧さ"と見えるような形でさえ，も
しそれが話し相手の着ている服や飲んでいるビールを指すとしたら，
「美化語」ではなくて「尊敬語」（所有敬語ともいう）になってしまう。
「特定の人物と結びつかない」という条件が必要になる所以と言える。

3. 敬語の描く人間関係像

　こうして敬語のコミュニケーションは，話し手が把握する人間関係に応じて，動作主や受容者や聞き手といった対象を待遇しながら進行する[7]。前節では敬語体系の構成要素と働きを概観したが，そこにもう一つ，その使い方に関わる原則があって，そこまでそろってはじめて敬語コミュニケーションの全体を捉えることができる。

　日本語敬語の使用原則とは，

　　（「話し手」ではなく）「聞き手」の位置に視点を移動せよ

というもので，具体的には，

　　聞き手から見て敬語で待遇するに値する

と判断される人物について敬語を用いると言い表すことができる。逆にいえば，聞き手から見て特に敬語待遇するに値しない人物については敬語を用いないことになる。その典型は，よその人と話すとき身内を敬語で表してはならないという，よく知られている制約である。

　(8)　**身内敬語の抑制**
　　　a. 父もそう<u>申して</u>おりました。
　　　　（尊敬語ではなく丁重語使用［＝父をへりくだらせる］）
　　　b. *父もそう<u>おっしゃって</u>おりました。
　　　　（*は文法的に不適切の印）

7）敬語を用いるなど，人をどう扱うかのことを「待遇」という。それとも関連して，敬語など丁寧な表現のことを「**待遇表現**」と呼ぶこともある。

このような例はすぐに思いつくだろう。ちなみに，韓国・朝鮮語では敬語の視点を「話し手」自身の位置に置く傾きが強いため，畏まって話すときほど（8b）のような言い方になる（「父」も「お父様」になる）。

　聞き手に視点を置くこうした使用原則を**「相対敬語」**と呼ぶ。それに対し，韓国・朝鮮語のような話し手に視点を置く方式は**「絶対敬語」**という。相対敬語性が（8）のような身内敬語の抑制として機能することはたしかだが，それだけではない。聞き手基準の敬語使用といっても，それを判断するのはじつは話し手だから，話題として登場する第三者と聞き手と話し手を含んだ人間関係全体の像を描くのは話し手である[8]。

化学変化を起こさない敬語

　何の気なしに使っているようでいて，じつは敬語による微細な距離感の操作を私たちはしている。次の例を比べてほしい。

　（9）2つの人間関係像
　　　a. お客様は社長が<u>お送りする</u>そうです。
　　　b. お客様は社長が<u>お送りになる</u>そうです。

　aは謙譲語「お送りする」だから受容者の客人だけを敬語待遇し，bは尊敬語「お送りになる」だから動作主の社長だけを敬語待遇している。客人の方が上扱いされるべきとの常識からすれば，話し手の身内である「社長」だけを敬語で待遇するbは不適切だと考える人もいるだろう。し

[8] このことと関連して，聞き手と同じグループに属する聞き手の目下の人物をどう待遇するかという問題は，留学生のような学習者にとっては大変難しい。例えば，大学で所属しているゼミの教員に送るメールで，ゼミのメンバーの誰か（仮に「斎藤」という名の人物）について，
　「きのう斎藤と話しててわかったことですが，…」
のように書くことは，書き手と「斎藤」が呼び捨てで呼び合うような関係でなければ不自然となる。この場合，ゼミのメンバーは，聞き手に対する所有敬語のような扱いとなると考えるか，ここで述べている聞き手視点の原則がそれほど厳格なものではないと考えないと説明できない。

かしこれは，話し手がどういう範囲のどういう人間関係を思い描いているかの違いであり，文の形だけで適不適を決めることはできない。

　具体的に見よう。謙譲語だけを使う (9a) は，"わが社 対 お客様"といういわば公的な関係で捉えたときの像を表す。この関係の中では「社長」もわが社の一員にすぎないから，尊敬語待遇する対象ではなくなる。一方，尊敬語を社長だけに使う (9b) は，たしかに客人がその場にいるときに言ったら無礼である。しかし，社内での相談といった内輪の文脈であれば，客人の見送りは当然の前提とした上で，それを社内の誰がするか？ということを焦点にした発話としては問題なく成立する。"社員一般 対 役員"といった関係で捉えられた「社長」が敬語で待遇されていると見ることができる。このように，"適切な敬語"は一義的に決まるものではなく，その表現によって描かれる人間関係像が話し手の意図を表すかどうか，聞き手が違和感なく受け入れられるかどうかで決まる。

　第1節で，「親愛」を表すと言われる敬語の用法について，問題があると述べた。例えば次のような用法が「親愛の敬語」の例である。

(10) 親愛の敬語？
　　　a. 明日の講演会，<u>いらっしゃる？</u>（聞き手自身に尋ねて）

昔の女学生言葉を思わせる言葉づかいで，「いらっしゃる」と敬語が使われているが全体に畏まった感じはなく，むしろ親しげな印象があることから，そう扱われてきた。問題は，そうした親しさが感じられるとして，それが敬語「いらっしゃる」から生じると言ってよいか？ということである。"遠い言葉"である敬語が親愛を表すとすると，敬語がじつは"近い言葉"でもあるという面妖なことになってしまう ―事実そう述

206

べられてもいる[9]。しかしここは冷静に，敬語の種類と働きの話を思い出して考えてみよう。(10)a は次の文と比べてみる必要がないだろうか？

(10) b.「明日の講演会，いらっしゃいますか？」

考えてみれば，この場合，動作主と聞き手は同一人物が兼ねているから，同一人物に対する待遇としては，動作主敬語（尊敬語）と聞き手敬語（丁寧語）を両方使うのがいわば標準的な選択と言える（＝(10)b）。一方，(10)a は，そこから眼前の聞き手に対する敬語だけを外し，動作主だけを敬語待遇するという選択をしている。平たくいえば，対面する相手について，その人の行為は敬語で丁寧に扱うが，対面するその人自身は敬語で遠ざけずにそのまま置いておく，という待遇の仕方が(10)a である。動作主と聞き手の両方に敬語を使って全体に距離感の大きな硬い印象にすることを避けたい話し手が，敬語1つ分だけ"遠ざけない"ことによって親しさを演出する。つまり，「親愛」の正体は，敬語を使うことではなく，敬語を使わないことによって生じるニュアンスだった。

このように，日本語敬語は，各語がそれぞれ固有の働きをもっていて，言葉が組み合わされば働きも単純に足し合わされるし，反対に言葉がなくなればその分の働きが単純に減じるという仕組みである。

4. 敬語から授受表現へ

以上，現代日本語の敬語を理解するのに押さえておきたい観点から眺めてきた。最後に，日本語のこれからを占う意味でも確認しておきたい

---

9) 例えば，国立国語研究所（1990: 102）では，「敬意の形をかりて，『品位』や『親愛』の情を示している」とされている。

状況とその要因について簡単に触れておきたい。

　まずは社会的な要因がある。身分社会だった時代に発達した敬語は，上下に代表される序列的な関係を表すのが得意である。一方，「四民平等」の明治時代になって1世紀半，戦後さらに本格的な平等社会になってから70年強が経過する中で，日本社会の秩序自体もだいぶ変化してきた。その中で，敬語だけでは物足りないと人々が明確に感じ始めていることが窺える。その表れがいわゆる「やりもらい」の**授受動詞**の多用である。人と人とのやり取りから，果ては物に対する働きかけまで，一種の恩恵関係として表したいという思いが強まっているように見える。

（11）パソコンの時計が数分遅れているのですが，どうすれば直せますか？　／　T-CLOCK LIGHTって云うフリーソフトがあるのでそれをインストールして<u>あげる</u>と…インターネットに接続時に勝手に時刻を合わせ<u>てくれる</u>。（現代日本語書き言葉均衡コーパス［BCCWJ］，OC02_07021
〈https://chunagon.ninjal.ac.jp/bccwj-nt/〉）

「恩恵」概念が相当拡張していると見たくなる例である。これが人と人のやり取りになると，敬語形が俄然増えることになる。とりわけ，「…てくださる」や「…ていただく」といった形が多用されている。

　言語内的要因もあり，日本語敬語が逃れられない宿命のような現象がある。ある形が現れて使われ始めたころはいいが，次第にそこに感じられる敬意がすり減ってしまい，だんだん待遇価値が落ちて敬語的に感じられなくなるというもので，「**敬意漸減（逓減・低減）**」と呼ばれる。現在生じていると思われる敬意漸減には次のようなものがある。

①丁重語の尊大化：「いたす」の尊大化，「おる」の尊大化
②謙譲語の尊大化：「お…する」の尊大化
③相手指向から自己指向へ：「くださる」から「いただく」へ

　①は，自分がへりくだるはずの丁重語にもかかわらず，自分を表すことで次第に尊大な響きになってしまう厄介さの表れである。例えば，「割引いたします」という言い方に接して，謙遜のニュアンスを感じるかと言われると，個人的にはすでに怪しくなっている。「…してございます」という言い方を頻繁に聞くようになったが，これは「…しております」の「おる」が敬意漸減して物足りなくなったことへの補償的変化と言える。②は受容者敬語の「お…する」で，この形が受容者に対する恩恵授与のニュアンスを帯びてしまうことに抵抗を感じる人が出始めている。個人的にも，「メールをお送りします」と書きかけて，押し付けがましくないか？　との思いがしばしばよぎる。③はここ数十年ぐらいの間に進行した現象で，用例数を比較すると明らかな変化のあることがわかる（椎名2019）。どちらでもよさそうに思えるのに，人々は，与え手である相手などが主語になる「くださる」よりも，受け手である自分などが主語になる「いただく」を圧倒的に好み始めている。相手に触れないことによって"遠い言葉"をより遠くしようとしているように見える。
　敬意漸減が起こると，それまで使っていた形が使いにくくなり，代わりに別の形が求められる。①～③の結果，現在盛んに使われるようになっている表現形が，「…させていただく」である（椎名2019）。

①「…大学を卒業させていただきました」＜「卒業いたしました」
②「メールを送らせていただきます」＜「メールをお送りします」

③「受講票を<u>確認させていただきます</u>」＜「<u>確認させてください</u>」

　このように，いま日本語では，人々の好み（選好）の変化として，敬語から授受表現へと，授受表現内部での「いただく」へという大きな流れが生じている。「気になる日本語」にも挙げられそうだが，こうした敬意漸減が引き起こす変化は，いつの時代も止めようがない。

引用文献

Shibatani, M. (2006). Honorifics. In：Keith Brown (ed.), *Encyclopedia of Language and Linguistics* 5: pp.381-390. Amsterdam：Elselvier.

大石初太郎（1975）『敬語』筑摩書房

鯉渕信一（1978）「現代モンゴル語における敬語」『アジア研究所紀要』5: pp.248-227, 亜細亜大学

国立国語研究所〔窪田富男執筆〕(1990)『敬語教育の基本問題（上)』（日本語教育指導参考書17）国立国語研究所

椎名美智（2019）「『させていただく』という問題系 ―歴史社会語用論的調査と考察―」博士（学術）学位請求論文（未公刊，放送大学）

杉山アイシェヌール（アイシェヌール・テキメン）(2000)「トルコ語の敬語動詞についての基礎的研究」『東京大学言語学論集』19: pp.227-246

滝浦真人（2005）『日本の敬語論 ―ポライトネス理論からの再検討―』大修館書店

参考文献（読書案内）

井上史雄（2017）『新・敬語論　なぜ「乱れる」のか』NHK出版

滝浦真人（2008）『ポライトネス入門』研究社

13 | 方言① —日本語方言の概観—

澤村美幸

《**目標＆ポイント**》　日本語方言の区画による分類について知り，日本語の音韻，アクセント，文法・語彙に，それぞれどのような地域差があるのかを学ぶ。
《**キーワード**》　方言区画，音韻，アクセント，語彙，文法

1. 日本語方言の分類

　前章までは日本語の特徴や，その歴史についてさまざまな観点から説明してきたが，ここまで取り扱ってきた「日本語」は，いわゆる共通語，つまり現代の東京の言葉を中心としたものであった。しかし，日本語には地域によって，実に多様なバリエーションが存在している。本章では，こうした日本語の地域差，すなわち方言について学んでいく。

　さて，日本語の方言はいくつあるのか，また，どこでどのように分かれているのか，疑問に思ったことがある方は多いのではないだろうか。この問題に答えるのは簡単なように見えて，実はなかなかに難しい。従来，日本語の方言に関しては多くの立場からの分類が試みられており，全国の方言を分類してその区分を論じる，方言区画論という研究分野も存在する。

　ここでは，最も一般的な分類として多く引用される，東條（1953）による方言区画案を紹介する。これは，東條が日本列島を方言の音韻・語彙・文法によって総合的に区分したものであり，これを加藤（1977）が整理して地図化したものが次の**図13-1**である。

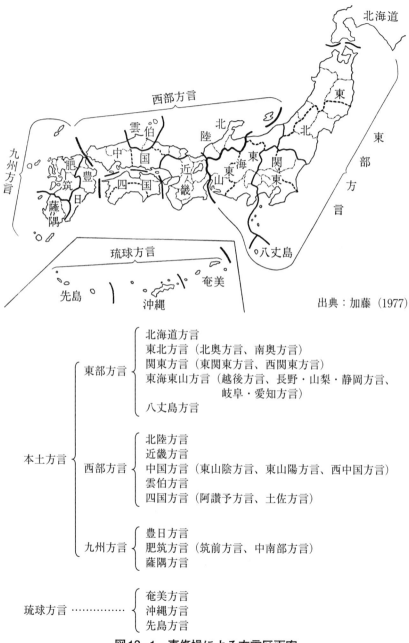

出典：加藤（1977）

本土方言 {
　東部方言 {
　　北海道方言
　　東北方言（北奥方言、南奥方言）
　　関東方言（東関東方言、西関東方言）
　　東海東山方言（越後方言、長野・山梨・静岡方言、
　　　　　　　　　　　　　　　岐阜・愛知方言）
　　八丈島方言
　}
　西部方言 {
　　北陸方言
　　近畿方言
　　中国方言（東山陰方言、東山陽方言、西中国方言）
　　雲伯方言
　　四国方言（阿讃予方言、土佐方言）
　}
　九州方言 {
　　豊日方言
　　肥筑方言（筑前方言、中南部方言）
　　薩隅方言
　}
}

琉球方言 ……………… {
　奄美方言
　沖縄方言
　先島方言
}

図13-1　東條操による方言区画案

　この東條の分類では，日本語を，まず本土方言と琉球方言とに二分する。本土方言は東部方言・西部方言・九州方言の3つに分けられ，さらに細かく分類されていく。また，琉球方言は，奄美方言・沖縄方言・先島方言の3つに分けられている。

　この東條の方言区画に関してはさまざまな批判もあるものの，一般的な日本人の方言意識と大きくかけ離れてはいない点から，全国的な方言の分類としては比較的よく利用されている。

　以下，分野ごとに紹介していこう。

2. 音韻の地域差

2.1. 母音の地域差

　「日本語の母音はいくつ？」と尋ねられたら，「アイウエオの5つ」と答える人は多いだろう。しかし実際のところ，地域によっては，日本語の母音は5つとは限らない。日本語の母音の数の分布を示した**図13-2**によると，最も多い地域では8母音，最も少ない地域では3母音と，地域により，母音の数にも差があることがわかる。

　このうち，最も母音が多い愛知県名古屋市方言では，ai, ui, oiといった連続する母音がそれぞれ融合することにより，新たな母音が3つ加わっているため，母音の数が8つとなる。

　また，最も母音の数が少ない与那国方言では，本土方言のeがiに，oがuへと変化しているため，母音の数は3つとなっている。このように，方言に目を向けると，最も基本的な日本語の特徴と考えられる母音の数さえ，全国で同じではないということがわかる。

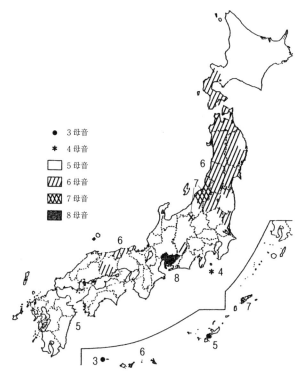

図13-2　本土・琉球方言の母音の数

出典：大野（2016）を改変，井上史雄提供

2.2.　子音の地域差

　方言の子音に関して特徴的なものとして，まずハ行子音の発音が挙げられる。古代日本語では，ハ行子音の音価は［p］であったと考えられている。これが平安時代以降，語頭のハ行音は［Φ］に変化し，さらに江戸時代以降，ウ段以外のハ行音は［h］へと変化したことが知られているが，現代でも琉球諸方言では，ハ行に［p］をとどめている。

　また，中央語で失われた古い発音が現代の方言に残されている例とし

ては，東北，北陸，近畿，四国，九州，琉球等に分布している，クヮ
[kwa]・グヮ［gwa］等の合拗音がある。これらの音は漢字音の流入に
よって日本語の中に生じた発音であったが，江戸時代後期には一般的で
はなくなったものと考えられている。

　さらに，古い発音の残存の例としては，**図13-3**に示した，四つ仮名
「ジ／ヂ／ズ／ヅ」の区別が高知，鹿児島，宮崎等の方言に残っている
ことが挙げられる。日本語史上，四つ仮名は17世紀初めごろまでに発
音の区別が無くなったものと考えられているが，方言ではその区別を
保った地域がいまだに存在しているわけである。なお，大分方言では

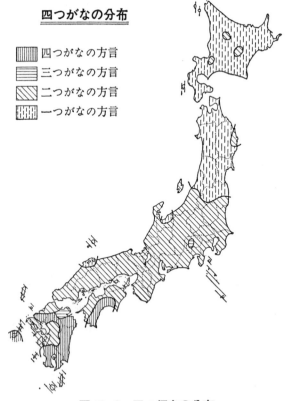

図13-3　四つ仮名の分布

出典：平山（1968）を改変

「ジ・ヂ」が統合して「ジ・ヂ／ズ／ヅ」の三つ仮名となっている。現代共通語も含め，全国的には「ジ・ヂ／ズ・ヅ」の二つ仮名の地域が多いが，東北地方の広範囲と北陸の一部，島根県出雲地方はiとuがともに中舌性の母音となるため，4つとも［dzï］または［dzü］のように発音される一つ仮名の状態となっている。

　このように方言の音韻は，四つ仮名のように中央語から失われた古い発音を残している一方で，一つ仮名のように方言の中で独自の変化を遂げたものもあり，すべて歴史的に古いものとは限らない。

3. アクセントの地域差

3.1. 方言アクセントの分布

　本節では，各地のアクセントの分布について概観していく。図13-4は，杉藤（1982）をもとに木部（2013）が作成した日本語方言のアクセントの分布図である。これを見ると，日本語の方言のアクセントは「近畿式（京阪式）アクセント」，「東京式アクセント」，「二型アクセント」，「無型アクセント」の4つに大別されている。

　「近畿式アクセント」は京都を中心に近畿から北陸，そして四国に分布し，それらの地域を外側から囲むかのように「東京式アクセント」が中部から関東の西部，東北，北海道に，さらに中国，九州の一部に分布している。

　また，北関東から南東北と，九州の中央部には，単語に一定の型がなく，「橋」と「箸」，「飴」と「雨」などにアクセントの区別がない，「無型アクセント」の地域が分布する。

　さらに，九州の西南部に分布するのは，型の区別が2種類と決まっている「二型アクセント」である。

図13-4　アクセント分布図
出典：杉藤（1982）をもとに木部（2013）が作成したものを改変

3.2.　東京式アクセントと近畿式アクセント

　図13-4を見ると，日本語の主要なアクセントは東京式アクセントと近畿式アクセントであることがわかる。ここでは，その2つを取り上げて説明していく。東京と近畿のアクセントには規則的な対応関係がある。以下，2拍名詞についての東京式と近畿式のアクセントの対応関係を，**表13-1**にもとづいて解説する。（高い拍は●，低い拍は○，途中で下降のある拍は◎，▼▽は助詞，（　）内は語単独のアクセント）

表13-1　アクセントの対応関係

近畿式	東京式	語例	平安末期京都	類
●●▼	○●▼	飴、枝、顔、風、鼻など	……（●●）……	第1類
●○▽	○●▽	歌、音、型、川、橋など	……（●○）……	第2類
●○▽	○●▽	泡、池、色、腕、花など	……（○○）……	第3類
○●▼（○●）	●○▽	糸、稲、笠、肩、箸など	……（○●）……	第4類
○●▽（○◎）	●○▽	雨、井戸、桶、声、琴など	……（○◎）……	第5類

出典：小林（2003）を改変

　この**表13-1**を見ると，近畿式では「糸，稲，笠…（第4類）」のグループと「雨，井戸，桶…（第5類）」のグループを区別しているのに対し，東京式では同じアクセントに統合されている。歴史的な変化としては，アクセントが2つのグループに分化するよりも，1つに統合するほうが自然な変化と考えられるため，東京式の方がより新しく，近畿式のほうが古いアクセントを保持しているものと考えられる。

　金田一（1977）によると，平安時代の京都のアクセントは，2拍名詞には5種類（第1類から第5類）があり（**表13-1**右側を参照），現代の東京式アクセントは古い段階の近畿式アクセントから分かれたものと考えられている。つまり，アクセントは型の種類の多い複雑なものから，型の少ない単純なものへと変化したと見ることができる。すなわち，先の**図13-4**のアクセントの分布図は，日本の中央部がもっとも複雑な体系を保持し，周辺部はより単純化へと向かったことを物語っている。

4. 文法・語彙の地域差

4.1. 東西対立分布—文法

　日本国内の地域差で，注目を集めやすいのは，東日本と西日本にそれぞれ別の語形が分布する「東西対立分布」である。**図13-5**は，牛山（1969）が，東と西で異なる文法事項が，日本のどこで分かれるかを線

で表したもので，この東西を区分する線を東西方言境界線と言う。この
図13-5では，表13-2にまとめた文法事項について，それぞれの境界
線を表している。

表13-2　東西で対立する文法事項

	西日本	東日本
断定辞	ぢゃ（や）	だ
動詞の打消形	行かん（ぬ）	行かない
動詞の命令形	起きよ（い）	起きろ
動詞の過去形	買うた	買った
形容詞の連用形	白う（白）	白く

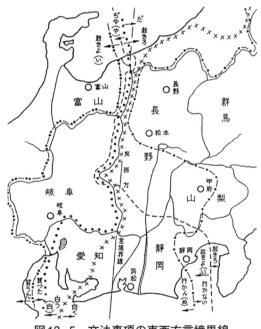

図13-5　文法事項の東西方言境界線

出典：牛山（1969）

　東西の方言の分かれ目は，非常におおまかではあるものの，北は新潟県
糸魚川市周辺から，南は静岡県の浜名湖周辺に集中していることから，
「糸魚川・浜名湖線」とも呼ばれる。ただし，**図13-5**からも明らかである
ように，東西で対立する文法事項は，それぞれ異なる境界線を描いている
ことがわかる。すなわち，東西の方言を分かつ境界は，すべてが一本の
線にまとめられるような単純なものではない。糸魚川・浜名湖線というの
は，あくまでも基準となっているだけで，実際には個々の境界は，糸魚
川・浜名湖を結ぶ線よりも複雑に入り組んでいるものが多いことがわかる。

4.2.　東西対立分布―語彙

　語彙に関しても，文法同様に，東西で対立が見られるものがある。**図
13-6**では，**表13-3**にまとめた語彙について，それぞれの東西方言境
界線を表している。これを見ると，**表13-3**の語彙も，非常におおまか
に言えば文法と同様に，糸魚川・浜名湖線を境目に，東と西に分かれて
分布していることがわかる。

　ところで，こうした東日本と西日本での方言の対立は，なぜ生じたの
だろうか。この問題については，日本アルプス等の自然地理的な障壁が
人々の往来を妨げたため，言葉の伝播が阻まれたという解釈が一般的で
あるが，他にも日本語の古層の問題などとの関連も指摘されている。

表13-3　東西で対立する語彙

	西日本	東日本
①薬指	ベニサシユビ・ベニツケユビ	クスリユビ
②塩辛い	カライ	ショッパイ
③煙	ケムリ・ケブリ	ケム
④鱗	ウロコ	コケ・コケラ
⑤梅雨	ツユ・ツイリ	ニューバイ
⑥借りる	カル	カリル
⑦曾孫	ヒマゴ	ヒコ
⑧おんぶする	オウ	オブ・オブウ

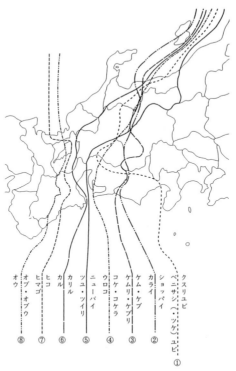

図13-6　語彙の東西方言境界線

出典：小林（1999）より

4.3.　周圏分布

　東西対立分布のほかに，方言の分布類型として有名なのは周圏分布である。周圏分布とは，文化的中心地を中心とした同心円状の分布のことを言う。柳田（1927）は，〈かたつむり（蝸牛）〉の方言を取り上げ，**図13-7**のように，近畿に分布するデデムシ系が歴史的にもっとも新しく，それを取り囲むように同心円状に分布するマイマイ系，カタツムリ系，ツブリ系，ナメクジ系は，外側にあるものほど古いことを指摘した。そ

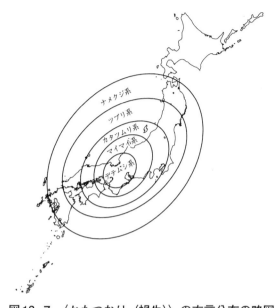

図13-7 〈かたつむり（蝸牛）〉の方言分布の略図
出典：柳田（1927）をもとに篠崎（2015）が作成

して，この分布は長く日本の政治・文化の中心地であった近畿地方で生み出された言葉が，順次周囲に伝播していったことによって生じたものと解釈した。この柳田の考えは「方言周圏論」と呼ばれ，方言分布から歴史を推定する有効な原則として，主に語彙について，他にも多くの該当例が指摘されている。たとえば，〈とんぼ〉の方言分布では，全国に広く分布する「トンボ」を挟むかのように，「アケズ」や「アッケ」などの語が東北地方と九州・沖縄地方に見られる。この場合，〈かたつむり〉の分布よりも単純で，中央に「トンボ」があり，その周辺に「アケズ」類が存在している。この場合，中央に分布する「トンボ」が新しく，地理的周辺部に分布する「アケズ」類はより古い，という歴史的関

係が推定される。

　この方言周圏論は，「意味と形式の結びつきは恣意的なものである」とする「言語記号の恣意性」という原則の上に成り立っている。たとえば，〈とんぼ〉の方言分布における「アケズ」類は，東北と九州・沖縄という地理的に離れた地域に分布しているが，言語記号の恣意性からすると，地理的にかけ離れた地域に，アケズという形式で，〈とんぼ〉という意味を持つ言葉が存在するのは，単なる偶然ではあり得ない。そのため，地理的に連続しない地域に同じ意味で同じ形式を持つ言葉が存在するのは，もとは中央で生まれた同じ言葉が，時間を経て周辺部へと伝播していったものと考えるのが方言周圏論の原理となっている。

引用文献

牛山初男（1969）『東西方言の境界』信教印刷

大野眞男（2016）「方言の音声・音韻」井上史雄・木部暢子編著『はじめて学ぶ方言学―ことばの多様性をとらえる28章―』ミネルヴァ書房

木部暢子（2013）「アクセントの地域差」木部暢子他編著『方言学入門』三省堂

加藤正信（1977）「方言区画論」大野晋・柴田武編『岩波講座日本語11　方言』岩波書店

金田一春彦（1977）「アクセントの分布と変遷」大野晋・柴田武編『岩波講座日本語11　方言』岩波書店

小林隆（1999）「方言語彙・表現法の現在」真田信治編『展望　現代の方言』白帝社

小林隆（2003）「方言の歴史」小林隆・篠崎晃一編『ガイドブック方言研究』ひつじ書房

篠崎晃一（2015）「方言の形成」月本雅幸編著『日本語概説』放送大学教育振興会

杉藤美代子（1982）『日本語アクセントの研究』三省堂

東條操（1953）『日本方言学』吉川弘文館

平山輝男（1968）『日本の方言』講談社

柳田國男（1927）「蝸牛考」『人類学雑誌』42巻4～7号

参考文献

井上史雄・木部暢子編著（2016）『はじめて学ぶ方言学―ことばの多様性をとらえる28章―』ミネルヴァ書房

木部暢子・竹田晃子・田中ゆかり・日高水穂・三井はるみ編著（2013）『方言学入門』三省堂

小林隆・篠崎晃一編（2003）『ガイドブック方言研究』ひつじ書房

佐藤亮一監修（2002）『お国ことばを知る　方言の地図帳』小学館

14 | 方言② ―言語行動の地域差―

澤村美幸

《目標＆ポイント》 言語行動の地域差に焦点を当て，挨拶，感謝，恐縮といった場面ごとに，どのような地域差が明らかになっているのか，具体的な研究成果と，地域差が生じてくる要因について理解する。

《キーワード》 言語行動，挨拶，感謝表現，恐縮表現，言語的発想法

1. はじめに

　前章では，音韻・アクセント・文法・語彙について，日本国内でどのような地域差があるのかを説明した。本章では，こうした方言学の基礎的知識の他に，近年特に注目されてきている言語行動の地域差に焦点を当てる。言語行動とは，さまざまな場面や状況に応じて，人が自分の意図や意思をどう表現するかという，コミュニケーションを扱う研究分野のことである。以下では，挨拶，感謝，恐縮といった場面ごとに，どのような地域差が明らかになっているのか，具体的な研究成果を紹介していき，最後に，そのような地域差が生じてくる要因についても説明する。

2. 挨拶の地域差

2.1. 朝の挨拶

　朝，近所の目上の人に道で出会った場合，何と声をかけるか。まず一般的には「おはようございます」と声をかけると思う人は多いだろう。ここで，次ページの**図14-1**をご覧いただきたい。これは，国立国語研

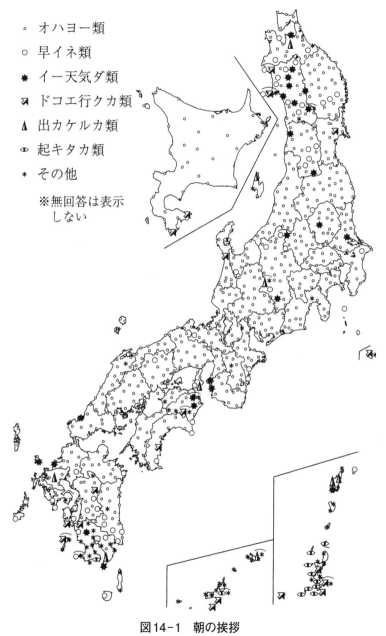

図14-1　朝の挨拶

出典：三井はるみ（2006）を改変

究所が全国800地点を対象に，上記の場面の挨拶について調べた結果を地図化した『方言文法全国地図』の略図を示したものである。

　この図14-1を見ると，朝の挨拶としては，全国的に「オハヨー」類が用いられているが，必ずしも「オハヨー」という挨拶を用いない地域もあることが読み取れる。例えば，東北を中心に，「イー天気ダ」「ドコエ行クカ」「出カケルカ」など，あまり挨拶らしくない形式が回答されていること，また，こうした傾向が九州から沖縄にかけても見られることがわかるだろう。特に沖縄本島では，「起キタカ」類も多く用いられている。

　「オハヨー」は，現在では「早いですね」という実質的意味を持たない。その証拠に，私たちは朝早く知り合いに出会ったとき，「オハヨー。早いね。」と声をかけることができる。このように「オハヨー」が実質的な意味を失った形式的な挨拶となっているのに対し，「イー天気ダ」「ドコエ行クカ」「出カケルカ」「起キタカ」は相手に問いかける内容が非常に具体的である。また，「起キタカ」を除けば，特に朝の時間帯に限らずに用いることができる言葉である。このように，「オハヨー」のような朝特有の挨拶言葉を持たない地域が東北と九州・沖縄という，日本の地理的周辺部に見られるのは非常に興味深い。

　いずれにせよ，朝，人に会ったときに「オハヨー」と挨拶するのは当たり前のように思われているものの，日本全国で通用するとは限らないことがわかるだろう。

2.2. 家庭内での挨拶

　続いて，家庭内での挨拶について取り上げてみよう。次ページの表14-1は，篠崎（1996）が各地の家庭内の挨拶についての調査結果をまとめたものである。この研究では，朝起きたとき・夜寝るとき，食事の

表14-1　家庭内での挨拶

	青森	東京	三重	広島	高知	鹿児島
朝起きたとき	61.8	76.9	93.1	87.3	79.0	86.7
夜寝るとき	69.7	84.6	97.2	85.7	77.1	72.9
食事のはじめ	66.7	96.1	90.1	84.1	66.1	81.7
食事のおわり	61.6	92.1	88.9	85.5	68.9	76.7
外出するとき	82.7	96.2	95.8	91.9	91.8	83.6
帰宅したとき	80.0	98.1	97.2	92.1	88.7	90.2
家族が外出するとき	85.1	90.4	94.4	88.9	81.4	85.0
家族が帰宅したとき	86.5	96.2	95.8	90.5	86.7	91.8
平　均	74.3	91.3	94.1	88.3	80.0	83.6

（%）

出典：篠崎（1996）

はじめ・おわり，外出・帰宅といった場面で家族に対して挨拶をするかどうかを，全国6地点で調査している。

　表14-1で目につくのは，青森の数値が他の地点に比べて全体的に低いことであろう。平均94.1％の割合で最も挨拶すると答えた三重，次に挨拶をする東京の91.3％と比べると，青森の平均は74.3％と最も低い結果となっている。とりわけ，「朝起きたときの挨拶」をする人の割合は，青森で61.8％である。この結果は，先の図14-1で見たように，東北では「オハヨー」という形式的な挨拶表現以外が比較的用いられていることと関係している可能性がある。図14-1は家庭外，表14-1は家庭内での挨拶についての結果ではあるが，おそらく日本国内では，挨拶を重視する地域とそうでない地域という地域差がありそうだ，ということである。

3. 感謝表現の地域差

3.1. お店の人への感謝の表明

　お店の人に感謝を表明するかどうかにも地域差がある。あなたは，個人商店や小規模なスーパーなど，普段利用する店で買い物したあと，店を出るときにはお店の人に「ありがとう」と感謝の言葉をかけるだろうか。

　これについては，篠崎・小林（1997）が全国調査を行っている。**図14-2**では，店を出るときに「ありがとう」と言う人の割合を，都道府県別に示したものである。この**図14-2**から，店を出るときに「ありがとう」と感謝を口にする人は圧倒的に西日本に多く，東日本には少ないという明確な地域差が見てとれる。では，東日本ではこうした場合，全く感謝を口に出さないのだろうか。このことについては，同じく篠崎・

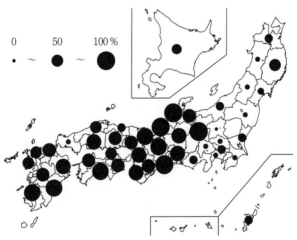

図14-2　店を出るときに「ありがとう」と言う人

出典：篠崎・小林（1997）を改変

小林（1997）の調査による**図14-3**をご覧いただきたい。

　この**図14-3**も，さきほどの**図14-2**の場合と同様に，店を出るとき，店員に何と声をかけるかを調査したものであるが，「ドーモ」と声をかける人が，東日本に多いことが明らかである。とりわけ，東北地方では「ドーモ」を使用する人の割合が高いことが読み取れる。

　「ドーモ」は「<u>どうも</u>ありがとう」「<u>どうも</u>すみません」のように，後半部が省略されている。それゆえ，感謝なのか謝罪なのか，言葉を発した人の気持ちが非常に曖昧である。しかし，曖昧であるがゆえにどのような場面でも使用できる，非常に便利な言葉であるとも言える。

　この**図14-2**と**図14-3**からは，感謝をはっきりと口にする西日本と，口にしないわけではないものの，曖昧に済ます東日本という地域差があるように見える。

　また，見方を変えれば，西日本では感謝を表すなら，「ありがとう」

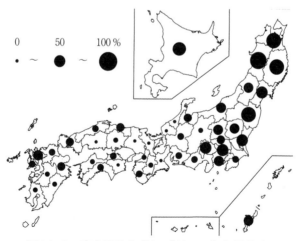

図14-3　店を出るときに「ドーモ」と言う人

出典：篠崎・小林（1997）を改変

を用いる，といったように，場面に応じた形式をそれぞれ用意して使い
分けているのに対し，東日本はそのように細かく場面を切り分けた専用
形式を使用しない，という違いがある可能性もある。

3.2. 家庭内での感謝の非表明

　続いて，感謝を言わない場合の地域差に着目した西尾（2009）の研究
を挙げてみよう。たとえば，家族との食事中に，自分の場所から届かな
い場所に醤油差しがあったとする。この時，一緒に食事をしている家族
の誰かに頼んで醤油差しを取ってもらった。この時，醤油差しを取って
もらった相手が誰かによって，礼を言うか言わないかが異なること，ま
た，東北・関東・関西で地域差が現れることを西尾は指摘している。

　図14-4は，その調査結果を棒グラフにまとめたものである。醤油差
しを取ってもらう相手としては，義父，義母，父，母，配偶者，息子，
娘の7パターンを想定している。

　この**図14-4**を見ると，相手が誰かによって醤油差しを取ってもらっ
た場合の礼を言わない割合が異なり，さらに，東北・関東・関西の3地

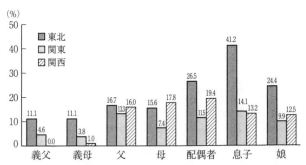

図14-4　醤油差しをとってもらって礼を言わない

出典：西尾（2007）を改変

域で，礼を言わない割合に大きく差が出ている。特に，地域差を全体として見た場合，東北で礼を言わないと回答された割合が高いことが注目される。東北では，一般的には最も気を遣う相手と思われる義父や義母にさえ，礼を言わないと答えた人の割合が約1割いる上，配偶者や息子や娘が相手となると，その割合が非常に高くなることがわかる。

　先に見た「**2.2. 家庭内での挨拶**」でも，東北では他の地域に比べ，家族に対して挨拶をあまりしないことが明らかになっている。このことから考えるに，東北は他の地域に比べると，家族に挨拶したり，礼を言ったりしなければならないというルールが弱いか，あるいはそういった規範にあまりとらわれない地域であると言えるのかもしれない。

4. 恐縮表現の地域差

4.1. 依頼場面における恐縮表現の使用・不使用

　想像してみてほしい。隣町の商店街で，お見舞い用の果物かごを買い，代金を払おうと思ったら手持ちのお金が足りなかった。そこで，一緒にいた近所の知り合いに，お金を借りるとき，あなたはどのように頼むだろうか。

　小林（2014）は全国調査の結果から，上記のような依頼の場面において，各地でどういった恐縮表現が用いられるかを明らかにした。この場合の恐縮表現とは，たとえば，「<u>申し訳ないのですが</u>，お金を貸してくれませんか」「<u>すみません</u>。貸してもらえませんか」などといった回答の，下線部に相当するものである。

　この結果を地図化したものが，次ページの**図14-5**である。この地図からは，「申し訳ない」「すまない」「御免」「悪い」といった恐縮表現が用いられていることがわかる。また，よく見るとこれらの恐縮表現には地域差がある。すなわち，同じ場面でも東日本では「申し訳ない」を用

232

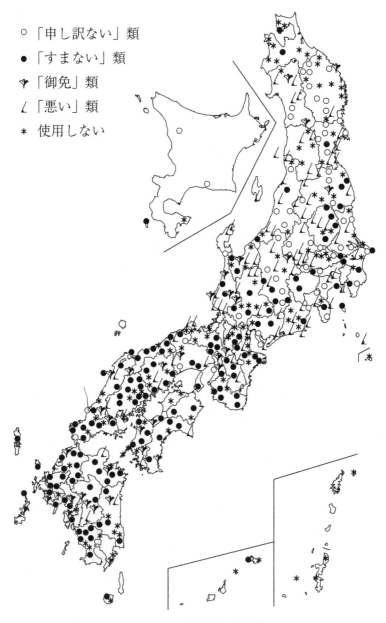

○ 「申し訳ない」類
● 「すまない」類
⚐ 「御免」類
∠ 「悪い」類
＊ 使用しない

図14-5 恐縮表現の地域差

出典：小林（2014）を改変

いる人が多く見られるが，西日本では，「すまない」がよく用いられる。
また，「御免」は東日本にも局所的に見られるが，どちらかと言うと西
日本のほうで用いられる地域が多く，「悪い」は東日本に偏っている。
このように，同じ依頼の場面であっても，どのような恐縮表現が用いら
れるかには，明らかな地域差が認められるのである。

　また，お金を借りるための依頼をする際に，そもそも恐縮表現を「使
用しない」と回答した地域が，東北地方，特に青森や岩手に多く見られ
る。また，東日本では関東や中部・近畿地方の一部，西日本では中国地
方の内陸部，九州南部，沖縄などにも見られる。

　一般的に言って，共通語の感覚では，お金を借りる相手が近所の知り
合いでも，あるいはそれ以上に親しい場合でも，恐縮表現を用いずに借
金の依頼をすることは難しいのではないだろうか。しかし，全国に目を
向けると，そうした場面で必ずしも恐縮表現を用いない地域も存在して
おり，単なる偶然の一致とは言い難い分布を示していることは，非常に
興味深い問題である。

4.2.　依頼が受け入れられた場合に感謝するか恐縮するか

　4.1. では，借金の依頼の際にどのような恐縮表現を用いるかに地域
差があることと，恐縮表現そのものを用いない地域もあることについて
紹介した。では，お金を貸してほしいと依頼した相手が，依頼を承諾し
てお金を貸してくれた場合，どのような反応を返すだろうか。共通語の
感覚から言えば，助けてくれた相手に対して「ありがとう」と感謝の気
持ちを表明したり，相手にかける負担を思って「すみません」と恐縮を
表現したりすることが予想されるだろう。実は，このような時にどのよ
うな反応をするかについても地域差があることが，前述の小林の全国調
査によって明らかになっている。

　次ページの**図14-6**をご覧いただきたい。これは，前節で述べた場面
で，近所の人にお金を貸してもらったときの反応の地域差について地図
化したものである。この地図では，「ありがとう」や「おおきに」と
いった感謝表現のみが回答された地域を「感謝のみ言う」に，「申し訳
ない」「すみません」などの恐縮表現のみが回答された地域を「恐縮の
み言う」にそれぞれ分類している。また，感謝と恐縮，両方の表現が同
一回答内に現れた場合は「両方言う」に，感謝も恐縮，いずれの表現も
見られない回答は「両方言わない」に分類されている。

　「感謝のみ言う」「恐縮のみ言う」「両方言う」「両方言わない」の4つの
グループの分布を見てみると，「感謝のみ言う」地域は全国に散在的に
分布するが，それ以外の3つはそれなりの偏りをもって分布しているこ
とがわかる。すなわち，「恐縮のみ言う」地域は特に関東から近畿にか
けてかたまった分布を示し，「両方言う」地域は東日本にも見られるも
のの，どちらかと言えば西日本のほうに多い。また，恐縮も感謝も「両
方言わない」地域は，明らかに東北・関東に偏って分布している。西日
本でも九州やその他の地域に「両方言わない」が分布はしているもの
の，東北・関東の偏りに比べれば少ないと言えよう。

　先に3.2で，東北では家族に対して感謝を表明する人の割合が他の地
域に比べて低い，という調査結果を紹介したが，本節で紹介した調査結
果も併せて考えると，どうやら東北では家庭内だけでなく，家庭の外で
も，感謝や恐縮を積極的に口に出さない人の割合が高そうだ，というこ
とが言えそうである。

　それでは，感謝も恐縮も表現しない地域の人たちは相手への気持ちを
どうやって表現するのか，あるいは感謝の気持ちも恐縮の気持ちも感じ
ないのか，疑問に思う人も多いだろう。これらの地域では，小林・澤村
（2014）で指摘しているように，共通語で言うところのお礼には当ては

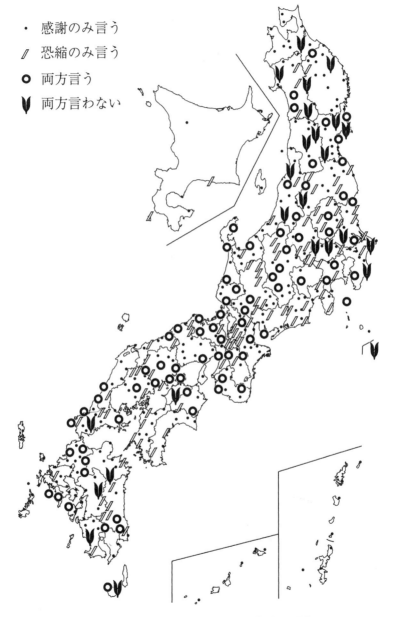

図14-6　お金を貸してもらえたときの反応

出典：小林・澤村（2014）

まらない表現が回答されている。

　助かった助かった。明日の朝，あんたの家さ，じぇんこ返すにいぐすけぇ。
（青森県十和田市）
　えがったちゃ。うんだら，明日持ってくっさけなー。（山形県尾花沢市）

　下線部のように，お金を貸してもらえることに対して，「助かった」「よかった」のように，自分が相手の助けを得られたことについて喜んでいることを表現するような回答が得られている。「両方言わない」に相当する地域は，「ありがとう」や「すみません」といった形式的な表現を用いないために，一見すると感謝も恐縮もしていないかのように思われる。しかし，実際はそうではなく，型通りの感謝や恐縮表現を用いることなく，自分自身の喜びや安堵の思いをストレートに口にすることをより重視する地域である可能性が高い。これはすなわち，同じ場面や状況でも，自らの気持ちを表現するにあたり，何が重視されるかという根本的な発想自体にも地域差があることを示唆するものである。

5.　言語的発想法の地域差

　先の4.2で，言葉で表現するにあたり，根本的な発想そのものに地域差があることを述べたが，小林・澤村（2014）では，こうした地域によって異なる発想を「言語的発想法」と名付けた。この言語的発想法は，現段階では7つあると考えられている。具体的には，以下のようなものである。

　発言性：あることを口に出して言う，言葉で何かを伝える。
　定型性：場面に応じて，一定の決まった言い方をする。

分析性：場面を細かく分割し，それぞれ専用の形式を用意する。

加工性：直接的な言い方を避け，手を加えた間接的な表現を使う。

客観性：主観的に話さず，感情を抑制して客観的に話す。

配慮性：相手への気遣い，つまり，配慮を言葉によって表現する。

演出性：話の進行に気を配り，会話を演出しようとする。

　そして，本章で取り上げた言語行動の地域差は，これらの言語的発想法の地域差によって生まれたものであると考えられる。たとえば，**2.2**で取り上げた「家庭内での挨拶」の地域差は，「発言性」の地域差から，**3.1**の「お店の人への感謝の表明」の地域差は「配慮性」の地域差から生じたものと解釈できる。

　こうした言語的発想法の地域差は，社会環境の違いによって規定される言語環境の違いから生まれ，言語行動の地域差が生み出された背景には，地理・歴史・社会といった要因が複雑に絡まり合っていると，小林・澤村（2014）では考えている。

　しかし，言語行動の地域差そのものが新しく解明されつつある分野であり，言語的発想法に地域差があるという考え方も，あくまで一つの大局的な仮説として，今後，十分な研究の蓄積のもとで検討されていく必要があると言えるだろう。

引用文献

国立国語研究所（2006）『方言文法全国地図6』国立印刷局

小林隆（2014）「配慮表現の地理的・社会的変異」野田尚史・高山善行・小林隆編『日本語の配慮表現の多様性—歴史的変化と地理的・社会的変異—』くろしお出版

小林隆・澤村美幸（2014）『ものの言いかた西東』岩波新書

篠崎晃一（1996）「家庭における挨拶行動の地域差」言語学林1995-1996編集委員会『言語学林1995-1996』三省堂

篠崎晃一・小林隆（1997）「買物における挨拶行動の地域差と世代差」『日本語科学』2, 国立国語研究所

西尾純二（2009）「再検討・日本語行動の地域性」『月刊言語』38-4, 大修館書店

三井はるみ（2006）「おはようございます，こんばんは」『月刊言語』35-12, 大修館書店

参考文献

国立国語研究所（2006）『言語行動における「配慮」の諸相』くろしお出版

小林隆編著（2018）『コミュニケーションの方言学』ひつじ書房

小林隆・川﨑めぐみ・澤村美幸・椎名渉子・中西太郎（2017）『方言学の未来をひらく』ひつじ書房

木部暢子・竹田晃子・田中ゆかり・日高水穂・三井はるみ編著（2013）『方言学入門』三省堂

滝浦真人（2013）『日本語は親しさを伝えられるか』岩波書店

15 | まとめ ―この科目で学んだこと―

滝浦真人

《**学習のポイント**》 これまでの各章を言語の領域に合わせて整理し直し，学んできたことを有機的に再構成する。時間的変異と空間的変異を含めた全体として見えてくる日本語の特徴的な点を確認する。
《**キーワード**》 文字と表記，音声と音韻，文法，語彙と文章，対人関係と言葉

1. 5つの領域

　さて，最後の章までたどり着いた。学習では，個別に学んできた事柄を，相互に関係づけたり，関連するものをまとめたりすることで，頭の中を再整理することが有効である。そこで，ここまで具体的には14の章で学んできた様々なトピックを，いくつかのまとまりとして再構成して振り返ってみることにしたい。この章を「まとめ」とする所以である。

　第1章の最後のところで，日本語に対するアプローチとして，言語の単位に着目した領域分けに加えて，時間的変異（歴史）と空間的変異（方言）があることを見た。そのことは章立てに反映されているが，科目の最後のまとめとしては，それらを分けるのではなく統合したときに，領域ごとで日本語のどんな側面が見えてくるかを確認したいと思う。但し，学んできたことすべてを網羅することはできないので，見渡して興味深く思われた点を拾い出すような具合になる。

　領域のまとめ方は一通りではないが，以下のような5つを立てて見ていくことにする。それぞれに，関係する章（または章内の節）を挙げておくので，復習の際に参照してもらえたらと思う。

○文字と表記
　文字・表記（第2章）
　書記史（第3章）

○音声と音韻
　音声・音韻（第4章）
　音韻史（第5章）
　方言①（第13章［2. 音韻，3. アクセント］）

○文法
　文法①～③（第7-9章）
　文法史（第10章）
　方言①（第13章［4.1 文法］）

○語彙と文章
　語彙（第6章）
　方言①（第13章［4.2 語彙］）
　文章・談話（第11章）

○対人関係と言葉
　敬語（第12章）
　方言②（第14章）

2.　文字と表記

　世界の諸言語と比較したときに最も目立つ日本語の特徴は？と聞かれたとしたら，真っ先にこの「文字と表記」を挙げたいと思う。現代日本語では，漢字と仮名という仕組みが異なる2種類の文字体系を使用しており，かつ仮名には平仮名と片仮名があって，両者が混在するケースも普通にある（この文のように！）。たいがいの言語（文字をもつ言語）は，アルファベットにせよ漢字にせよ，原則的に1種類の文字体系によって書き表されると言ってよい[1]（それにアラビア数字などが加わりはするが）。それが日本語では3種類（仮名を1種類とみれば2種類）の文字が使われており，とても目立つ特徴と言うべきである。

　そうなった経緯は書記史の中に見ることができる。中国語から朝鮮半島経由で伝えられた漢字は，文字がそのまま単語となる表語文字である。文字＝語という仕組みは，単語レベルで利用する分には，日本語の単語に引き当ててしまえば大体の意味がわかるので（「訓」）便利と言える。しかし，初めから日本語を書くために使われたわけでは当然なく，中国語風に（ないしは中国語として）書かれていたものから，日本語の読み方に合う使い方が考案されていった経緯がある。その際，日本語は中国語と文法が大きく異なるため，中国語風にでなく正真正銘の日本語として書くためには，単語よりも小さいレベル，つまり音のレベルを表せるような仕組みがほしくなる。当初はそれも，意味を無視して音だけ利用する借音の方法によって，漢字でまかなわれていた。しかし，1つずつの音を表すのに漢字を使うことは，画数も多くて煩わしいし，その字のもつ意味が邪魔に思われもしよう。そうして，漢字の崩し字から平

---

1)　中国語など，外来語のようなアルファベットを併用してもよさそうなところでも，原則はあくまで漢字だけで表記する。

242

仮名が生まれ，漢文訓読のために漢字の部分を用いてつくられた補助記号から片仮名が生まれた。漢字片仮名混じり文という書き方が，現在の漢字仮名交じり文につながる。

　文章レベルでも，早い時代ほど中国語（漢文）の影響が色濃く見られる。漢文訓読文と和文も区別されていたのが，次第に混交するようになって，文語文として定着していく。それは話し言葉と書き言葉の乖離<ruby>乖離<rt>かいり</rt></ruby>を強めることになったが，江戸後期の町人文化で花開いた大衆的な娯楽としての読み物において，話し言葉の会話を書き言葉で読むというスタイルが一般化する。そうして進んだ書き言葉の口語化が，明治の言文一致によって一応の完成を見ることになった。

　現代日本語では，漢字・片仮名と平仮名が実質語と機能語の別に大きく対応する格好となって，実質語が浮き出て見える書き方がより明確になっている。とはいえ，境い目のグレーゾーンにはそれなりの揺れもあって，形式名詞，接続詞，補助動詞といった実質と機能の中間的な要素をめぐって，"簡単な原則，面倒な実際"とも言えるような書き分けの問題がある。

　もう一つ，表音文字としての仕組みは同じであるのに，仮名文字になぜ平仮名と片仮名があり続けるのか？（なぜ一方が<ruby>淘汰<rt>とうた</rt></ruby>されるといったことにならないか？）ということも興味深い問いではあろう。現代語で片仮名の用途としては，外来語やオノマトペといった，意味よりも音を意識させるような語種と，何らかの点で定まらない暫定感のある表記などが主で，どこか"仮"の感覚を帯びていて，漢字の補助記号に由来する出自を思わせる。そうした点に加え，外来語にせよオノマトペにせよ，機能語ではなく実質語であるため，平仮名との間に比較的安定的な"役割分担"があると言えそうなことも，片仮名の地位を支えているのではないだろうか。

3. 音声と音韻

現代日本語の五十音を音素表記してみると，全体に整然として見える中で，タ行のイ段・ウ段と，ザ行・ダ行のイ段・ウ段のところの収まりが悪い。また，音素と実際の音声との関係を考えてみると，ハ行の子音に大きく調音位置の異なる3つの音があることに気づく。この2つの点はどちらも，日本語の時間的変異の結果であると同時に，空間的変異としても観察される，日本語音韻論の大きなトピックである。

　前者は，清音と濁音（音声学的には無声音と有声音）を対比的に並べてみるとわかりやすい。

現代日本語のサ・タ行，ザ・ダ行，イ・ウ段の音素表記

サ行	タ行	ザ行	ダ行
si	ci	zi	zi
su	cu	zu	zu

無声子音の系列では，$/s/$ は摩擦音，$/c/$ は破擦音という具合に音声的にも区別が保たれているが，有声の系列になると，ザ行・ダ行とも摩擦音～破擦音のどちらで発音してもよくなっているため，音素 $/z/$ も摩擦音～破擦音の両方に対応すると言うしかない。それで，無声系列では「シ／チ／ス／ツ」がすべて区別される（4つ）のに対して，有声系列では「ジ／ヂ／ズ／ヅ」が母音のイとウで区別される（2つ）だけとなっている。

　かつてはこうでなかった。有声の系列で，ザ行子音は摩擦音であり，一方ダ行子音は，16世紀に破裂音→破擦音という変化が生じても，それが摩擦音にまで弱まる前の時期には，ザ行子音（摩擦音）との区別

（4つ）は保たれていた。中世末期の京の都で，破擦音と摩擦音の区別が曖昧になって混乱が生じている様を，宣教師ロドリゲスが記している。

4つの音の区別に関わることから付けられた「四つ仮名」との呼び名に寄せるなら，現代日本語の共通語は「二つ仮名」であることになる。方言を調べると，四つ仮名がまだ保持されている地方もあれば（四国南部や九州の東部・南部など），過渡的と言える「三つ仮名」の地域もある（大分県の一部）。また，別の事情によって母音の方の区別がなくなり，「二つ」からさらに少ない「一つ仮名」の地域も生じ（東北の広い範囲や出雲地方など），興味深い分布となっている。

日本語音韻論のもう1つのトピックであるハ行子音は，歴史的に大きく変化したことが知られている。答えが「くちびる」で「母には二度会う」との謎かけでもわかるように，古代〜中世までハ行子音は ［p］だったと考えられている。それが摩擦音に弱化して，同じ両唇音の ［ɸ］となった後，唇ではなく一番奥の声門での摩擦音 ［h］が現れた。

現在の日本語では，ア・エ・オ段では ［h］だが，ウ段では ［ɸ］が残っており，さらにイ段では，母音の狭さに引かれて硬口蓋での摩擦音 ［ç］も用いられていることで，最も子音数の多い行となっている。方言との対応も興味深く，琉球諸方言には，共通語のハ行子音が ［p］に対応するものが多くあり，［ɸ］に対応するところもあるという。距離的に遠い方言に時間的に古い形が残っている例と言え，言語における時間と空間の関与に合い通じるところがあることを感じることができる。

4. 文法

上で挙げた章の数が多いことでもわかるように，文法とは，その言語で意味をなす文をつくるのに必要な情報を格納したルールブックのよう

なものだから，言語を記述する場合にはとても大きな部門となる。そこには無数と言えるくらいの数のきまりが含まれるから，外国語を学ぶことはいつでもとても時間と労力を要する営みになる。一方，その言語を自然に身につけた母語話者にとっては，（じつは時間も労力もかけてはいるものの）様々な要素の区別や規則の適用などはかなり無意識的に行うものとなる。

　現代日本語で動詞の活用の種類（動詞のタイプ）は5つあるが，母語話者はその判別に迷うことはほとんどない。一方，母語話者でない学習者にとっては，それらすべてを正確に記憶することはかなりの負荷となる。ではこのギャップは埋まらないのかというとそうでもないのが，規則というものの面白いところである。動詞に語形変化のある言語では，たいがい規則動詞と不規則動詞があって学習者を悩ませるが，日本語の場合，まず不規則動詞が2つしかなく（「来る」「する」），あとは規則動詞と言える。しかし規則動詞が大きく2つに分かれるため，ことによっては非常に記憶の負荷が大きくなるところだが，じつはかなりわかりやすい特徴がある。それは，「語末が－iる・－eる 以外なら子音（五段）動詞」というもので，それを分けた上で，「語末が－iる・－eる」の語について子音（五段）動詞か母音（一段）動詞かを判別すればよい。その際に記憶しておく必要のある語数は4％ほどとのことだから，そうすると，大多数の動詞についてはほぼ自動的に判別できることになる。多くを記憶しているとはいえ，母語話者が迷わない道理である。

　日本語で文をつくる際にしばしば選択しなければならないのが，助詞「ハ」と「ガ」である。これについても母語話者は直観的に選んで使っているが，書き言葉のとりわけ論理的な文章になってくると，人によって選択の上手下手も出てくるような，なかなか難しい話になる。主語や目的語といった文法的な関係のことを「格」といい，それを示す働きを

する助詞を「格助詞」という。「ガ／ノ／ニ／ヲ」がその代表だが，そこに「ハ」は含まれない。つまり，ハは文法的な関係を表さない。ではハは何の働きをしているかといえば，何について述べるかという情報論的な意味での「主題」を示す働きをする。まずこのことを知るだけでも理解はずいぶん変わってくる。

　じつはここでも，日本語の歴史的な事情が深く関係している。係り結びのない現代語の文法（学校文法）では，ハは「副助詞」というカテゴリーに入れられるが，古典語の文法では「係助詞」の1つとする考え方がある。「ぞ・なむ・や・か → 連体形，こそ → 已然形」と丸暗記する係助詞にハは含まれないが，それはハが終止形と結びつくからである。係助詞は形の呼応があるために文が長くなっても紛れずに済むという特徴があり，ハもその性質を受け継いで，ゆるく・（しばしば）長く係ってゆく。日本語学の有名な例文に，「僕はうなぎだ」や「象は鼻が長い」といったものがあるが，いずれも係り方が「ゆるい」特徴がある。

　一方，格助詞であるガは，ハとは対照的な性格をもっている。筆者（滝浦）が育った仙台で，日に何度も見ることになるテレビのコマーシャルがあった。それは地元の菓子屋のもので，商品名を「白松が最中」といった。ずいぶん後になって学校で古文を習うようになるまで，「白松は最中じゃないのに…」と毎度訝しく思っていたことを覚えている。これは主格ではなく，属格（英語だと所有格と呼ばれるもの）のガで意味的には「の」に近い。知ってしまえば例はいくらもあって，「我が母校」のような思い入れの入った言い方や，「旭ヶ丘」「松ヶ谷」といった地名などに属格のガが残っている。

　古典語のガは主格と属格の両方の用法をもっていたが，主格に関して，多くが（名詞にかかる）連体修飾節や（コトやノを補って解釈するような）名詞化した節の中で用いられていたというのは面白い。いわば，

　　［XガYスル］＋名詞・（コト）

のように使われていたガが，主節の主語を明確にするという欲求とともに主節を担うようになったところから，現在のガにつながってくるという発達のプロセスを見ることができる。このようなガが，前後の文法関係をこまめにきちんと示すという働きにおいて使われる傾きになるのも道理と言え，その点でハと大きな対照をなしている。

　空間的変異についても触れておこう。日本列島はずいぶん細長く（ヨーロッパの北から南ぐらいまである），そのため文化的にも（正月に鮭（さけ）を食べるか鰤（ぶり）を食べるかもれっきとした文化）言語的にも一枚岩ではなく，様々な事柄が東西で分かれるという面白い現象が観察される。文法もその例に漏れないということで，東西で対照的に分かれるものがある。西は母音が強く，東は子音が強いという傾向があり，それを反映して，西ではウ音便，東では促音便（ッ）といった対立があったり，命令形で「せよ」形が西日本，「しろ」形が東日本というのもある。高速道路を走っていると，長大トンネルの手前で「危険物積載車両ここで出よ」という黄色い看板が出てくるが，初めて見たときに，東日本出身者にとっては大時代的な響きに思われて笑ってしまったのを覚えている。あれは西日本式の表現なのだった。次の語彙の話とも関わるが，「役割語」などと呼ばれる位相語の中で，たとえば「博士」という役割の人物が「そうじゃ，その通りじゃ」のような日本語を話すことがよくある。これなども，断定辞が「じゃ」である西日本式（歴史的には古い）の表現をあえてさせている例ということになる。

5. 語彙と文章

　語彙も文章も，話し言葉と書き言葉の違いと深い関わりをもっている。どの言語でも話し言葉と書き言葉の間にはそれなりの違いがあるも

のだが，日本語の場合，書記史のところで見たように，中国語起源の語彙（漢語）と文章スタイル（漢文体）の影響が非常に強かったために，現代の日本語でも，書き言葉と漢語・漢文調，話し言葉と和語・和文調という，大きな傾向の違いが歴然としている。

中国語の動詞は語形変化がないため，日本語に入った漢語は品詞から比較的自由に見え，「する」を付ければ動詞になり，そのままだと名詞として使える（使ってしまう）場合が多い。和語の場合，そうはいかず，動詞や形容詞が述語になる場合と名詞が述語になる場合では雰囲気が大きく異なる。漢語と和語のこうした性格の違いを日本語は都合よく利用してきた感がある。たとえば，和文的に「タバコを吸ってはいけません」だとずいぶん直接的に禁止された印象になるが，漢語の「禁煙」だと指示の直接性が出ない分だけ，抽象的になって禁止の強さが弱められる。

こうした傾向が長くあった上に，最近の日本語では，相手に対して直接差し向ける表現を避けようとする傾向がさらに強まっているように見える。若者語の例として取り上げられていた「○○み」など，古文に出てくる「空高み」のような「ミ語法」の現代版とも言いたくなる，まさにそうした例である。「つらい」と言えば自分自身の感情・感覚をそのまま述べることになるが，その直接性を嫌って「つらみがある」のように言うことで，そうした状態が自分において存在すると報告しているかのような表現になる。「つらさ」との差異は，「み」だと自分においてその感覚が内的にあるのに対し，「さ」だと自分にとって外的にあるようなニュアンスだろうか。

日本語は，話し手の属性や話す場面，相手との関係などによって，呼称や文末表現などが大きく変わる傾向があり，そのように用いられる言葉のことを「位相語」と呼ぶ。男言葉や女言葉，若者言葉，幼児語と

いったものが例となるが，面白いのは，コミュニケーションで実際に用いられるだけでなく，（時としてそれ以上に）そうした"○○らしさ"の印として過剰にまた演技的に用いられることである。現在の日本で，「あら，嫌だわ」と実際に言っている女性は多くないと思われるし，「博士」と呼ばれる人々が「そうじゃ，その通りじゃ」と言うことはまずないだろう。むしろコミュニケーションの中で演じている（あるいはなりきっている）役割ないしキャラクターの表示という意味で，「役割語」などと呼ばれている。役割語は，アニメなどのキャラクターが使うだけでなく，人びとが会話の中で演じる役割を取り替えながら話すときにその印として使うなど，言葉の二次的な指標としての機能も果たしている。

6. 対人関係と言葉

　敬語は幼児期の言語習得過程で身につけるよりも，大人になってから「社会」を意識して覚えようとし，使うようになる面が強い（「成人後採用」［井上史雄］という言い方もある）。そうした観点からすると，敬語を使うことによって「かしこまっている」というコミュニケーションのモードを示すこと自体が，敬語を使うことの大きな意味の1つだと言えるだろう。別の言い方をすると，自分はちゃんと敬語の使える人間だということを示すために敬語の使い方を勉強する，ということが現実の動機として大いに有り得るということでもある。

　敬語の種類としては，5分類が公式のものとなっている。重要なことは，種類が異なると内容の異なる「敬意」が表されるのではなく，敬語の向いていく対象人物（役割）が異なるということである。人々が様々に敬語を使い分けながら話しているのも，どの敬語を誰に向けて使うかによって，そのときどきに思い描いている人間関係の像を相手に伝えて

いるのだと見ることができる。

　敬語の使い方は日常的にも話題になることがよくある。但しそれは，他人の使った（使う）敬語の“おかしさ”についてであることが多い。そうした対象となる言葉遣いが単に間違いと言える場合もあるが，それと同じくらいに，丁寧すぎる過剰な敬語が取り沙汰されるという特徴がある。その背景要因として，日本語の敬語や呼称が，使ううちに敬意をすり減らしてしまい，対象を立てるはずだったのに，いつのまに自分が尊大化してしまうという「敬意漸減」現象がある。

　敬意漸減で不思議なのは，時代が下るほど漸減過程が加速化しているように見えることで，最近では，敬語だけでは事足りず，「てくださる」や「ていただく」のような授受表現を必要以上に付けているケースが目立ち，「させていただく」の“氾濫”もその延長線上に捉えることができる。自分側の尊大化傾向も著しく，与える恩恵を表す系列では，敬語形「てあげる」が敬意漸減で使いにくくなったところに現れたさらなる敬語形「てさしあげる」が，出現してまだ150年ほどであるにもかかわらず，すでにかなり使いにくくなっていることなどが観察される。詳しく書く余裕はないが，明治になって「四民平等」となり，太平洋戦争後のいわゆる戦後日本になって社会の平等化が一層進行した中で，敬意漸減が一層加速しつつあるというのは皮肉な現象とも見える。

　同じことを言うのでも丁寧に言うのが敬語である。同じことを言うのでもどんな風に言うかという観点は，じつは敬語以外にもいろいろあり得る。「言語的発想法」として提唱されている考え方は，そうした“物の言い方”の多様な相を捉えるためのものである。たとえば，日本語では「あいさつ」が大事だとされるが，これには地域差があって，何を言うことがあいさつ相当の言葉となるかにはかなりの相違がある。東日本では，いわゆるあいさつ言葉はあまり多く使われず，実質的な言葉をあ

いさつ的に使うといった傾向が明らかになっている。同様にして，礼を言ったり恐縮したりするときにどんな言葉を使うか調査すると，たとえば東日本では自分の感情をストレートに言うといった面が見えたりする。こうした「語用論」的な側面について，空間的変異や時間的変異を調査・考察することも増えてきている。

　まだまだ多くのことを学んだが，ひとまずこのくらいで「まとめ」ておくことにしよう。放送授業と合わせ，日本語学の面白さをしゃぶり尽くしてもらえたらとてもうれしく思う。もっと勉強したくなった人は，ぜひ下の本などを手に取ってみてほしい。

読書案内

石黒圭（2013）『日本語は「空気」が決める 社会言語学入門』光文社
衣畑智秀 編（2019）『基礎日本語学』ひつじ書房
小林隆・川﨑めぐみ・澤村美幸・椎名渉子・中西太郎（2017）『方言学の未来をひらく ―オノマトペ・感動詞・談話・言語行動―』ひつじ書房
滝浦真人（2013）『日本語は親しさを伝えられるか』岩波書店
前田直子（2009）『日本語の複文』くろしお出版

索引

●配列は五十音順。＊は人名を示す。

分担執筆者紹介 |

（執筆の章順）

石黒　圭 <small>（いしぐろ・けい）</small>

・執筆章→2・6・11

1969 年	大阪府生まれ。言語形成期は横浜市で過ごす
1993 年	一橋大学社会学部社会問題政策課程卒業
1999 年	早稲田大学大学院文学研究科日本語日本文化専攻博士後期課程修了（2008 年に博士（文学）を取得）
1999 年以降	一橋大学留学生（国際教育）センター専任講師～教授、国立国語研究所日本語教育研究情報センター（日本語教育研究領域）准教授～教授を歴任
現在	国立国語研究所日本語教育研究領域代表・教授、同研究情報発信センター長、一橋大学大学院言語社会研究科連携教授
主な著書	『よくわかる文章表現の技術（全5巻）』明治書院（2004～2007 年）
	『文章は接続詞で決まる』光文社、2008 年
	『この1冊できちんと書ける！ 論文・レポートの基本』日本実業出版社、2012 年
	『語彙力を鍛える —量と質を高めるトレーニング—』光文社、2016 年
	『大人のための言い換え力』NHK 出版、2017 年
	『豊かな語彙力を育てる「言葉の感度を高める教育」へのヒント』ココ出版、2018 年
	ほか

衣畑　智秀（きぬはた・ともひで）

・執筆章→3・5・10

1976 年	大阪府生まれ
1998 年	京都府立大学文学部国文学中国文学専攻卒業
2000 年	大阪大学大学院文学研究科国文学専攻博士前期課程修了
2005 年	大阪大学大学院文学研究科文化表現論専攻博士後期課程修了
2006 年～	京都大学大学院文学研究科 COE 研究員、日本学術振興会特別研究員、大阪大学大学院文学研究科助教を歴任
2011 年～	福岡大学人文学部講師～准教授～教授

主な著書　『日本語の構造変化と文法化』（共著、ひつじ書房、2007 年）
　　　　　『シリーズ日本語史 3　文法史』（共著、岩波書店、2011 年）
　　　　　『日本語文法史研究 2』（共著、ひつじ書房、2014 年）
　　　　　『バリエーションの中の日本語史』（共著、くろしお出版、2018 年）
　　　　　『基礎日本語学』（共著、ひつじ書房、2019 年）

前田　直子 (まえだ・なおこ)

・執筆章→7・8・9

1987 年	東京大学文学部言語学専修課程卒業
1990 年	東京外国語大学大学院外国語学研究科修士課程修了
1993 年	大阪大学大学院文学研究科博士課程後期単位取得退学
	博士（文学）大阪大学（1997 年）
1993 年〜	東京大学留学生センター講師
2001 年〜	東京大学留学生センター助教授
2002 年〜	学習院大学文学部助教授
2008 年〜	学習院大学文学部教授

主な著書　『「ように」の意味・用法』(笠間書院、2006)
　　　　　『日本語の複文−条件文と原因・理由文の記述的研究』(くろ
　　　　　しお出版、2009)
　　　　　『日本語条件文の諸相−地理的変異と歴史的変遷』(分担執筆、
　　　　　くろしお出版、2017)

澤村　美幸（さわむら・みゆき）

・執筆章→13・14

2004 年	東北大学文学部人文社会学科卒業
2006 年	東北大学大学院文学研究科博士課程前期修了
2010 年	東北大学大学院文学研究科博士課程後期修了。博士（文学）
2010 年〜	日本学術振興会特別研究員（PD）
2011 年〜	和歌山大学教育学部講師
2013 年〜	和歌山大学教育学部准教授

主な著書　『日本語方言形成論の視点』（岩波書店，2011）
　　　　　『ものの言いかた西東』（共著，岩波書店，2014）
　　　　　『方言学の未来をひらく ―オノマトペ・感動詞・談話・言語
　　　　　　行動』（分担執筆，ひつじ書房，2017）

編著者紹介

滝浦　真人 （たきうら・まさと）
・執筆章→1・4・12・15

1962 年	岩手県生まれ　小学校から高校まで仙台で育つ
1985 年	東京大学文学部言語学専修課程卒業
1988 年	東京大学大学院人文科学研究科言語学専門課程 修士課程修了
1992 年	同　博士課程中退
1992 年～	共立女子短期大学専任講師～助教授、麗澤大学 助教授～教授を歴任
2013 年～現在	放送大学教養学部・同大学院文化科学研究科教授
2017 年～2019 年現在	文化審議会臨時委員

主な著書	『お喋りなことば』（小学館、2000 年）
	『日本の敬語論　ポライトネス理論からの再検討』 　　（大修館書店、2005 年）
	『ポライトネス入門』（研究社、2008 年）
	『山田孝雄　共同体の国学の夢』（講談社、2009 年）
	『日本語は親しさを伝えられるか』（岩波書店、 　　2013 年）
	『日本語リテラシー』（放送大学教育振興会、2015 年） 〈以上単著〉
	『日本語とコミュニケーション』（大橋理枝准教 　　授と共著；放送大学教育振興会、2015 年）
	『語用論研究法ガイドブック』（加藤重広氏と共 　　編著；ひつじ書房、2016 年）
	『新しい言語学 心理と社会から見る言語の学』 　　（編著；放送大学教育振興会、2017 年）
	ほか

放送大学教材　1740130-1-2011（テレビ）

日本語学入門

発　行	2020 年 3 月 20 日　第 1 刷
	2021 年 1 月 20 日　第 2 刷
編著者	滝浦真人
発行所	一般財団法人　放送大学教育振興会
	〒 105-0001　東京都港区虎ノ門 1-14-1　郵政福祉琴平ビル
	電話　03（3502）2750

市販用は放送大学教材と同じ内容です。定価はカバーに表示してあります。
落丁本・乱丁本はお取り替えいたします。

Printed in Japan　ISBN978-4-595-32187-0　C1381